POLYGLOTT on tour

Schwarzwald

Der Autor
Rolf Goetz

**Mit großer Faltkarte
& 80 Stickern
für die individuelle Planung**

www.polyglott.de

SYMBOLE ALLGEMEIN

 Besondere Tipps der Autoren

 Specials zu besonderen Aktivitäten und Erlebnissen

 Spannende Anekdoten zum Reiseziel

⭐ Top-Highlights und
⭐ Highlights der Destination

42 Top-Touren & Sehenswertes

TOUR-SYMBOLE		PREIS-SYMBOLE	
❶ Die POLYGLOTT-Touren		Hotel DZ	Restaurant (Menü)
🟥**6** Stationen einer Tour		€ bis 70 EUR	bis 15 EUR
① Hinweis auf 50 Dinge		€€ 70 bis 130 EUR	15 bis 25 EUR
[A1] Die Koordinate verweist auf		€€€ über 130 EUR	über 25 EUR
die Platzierung in der Faltkarte			
[a1] Platzierung Rückseite Faltkarte			

Perfekte Planung
Parallel Klappe vorne links aufschlagen

Touren-Start

①

Top 12 Highlights

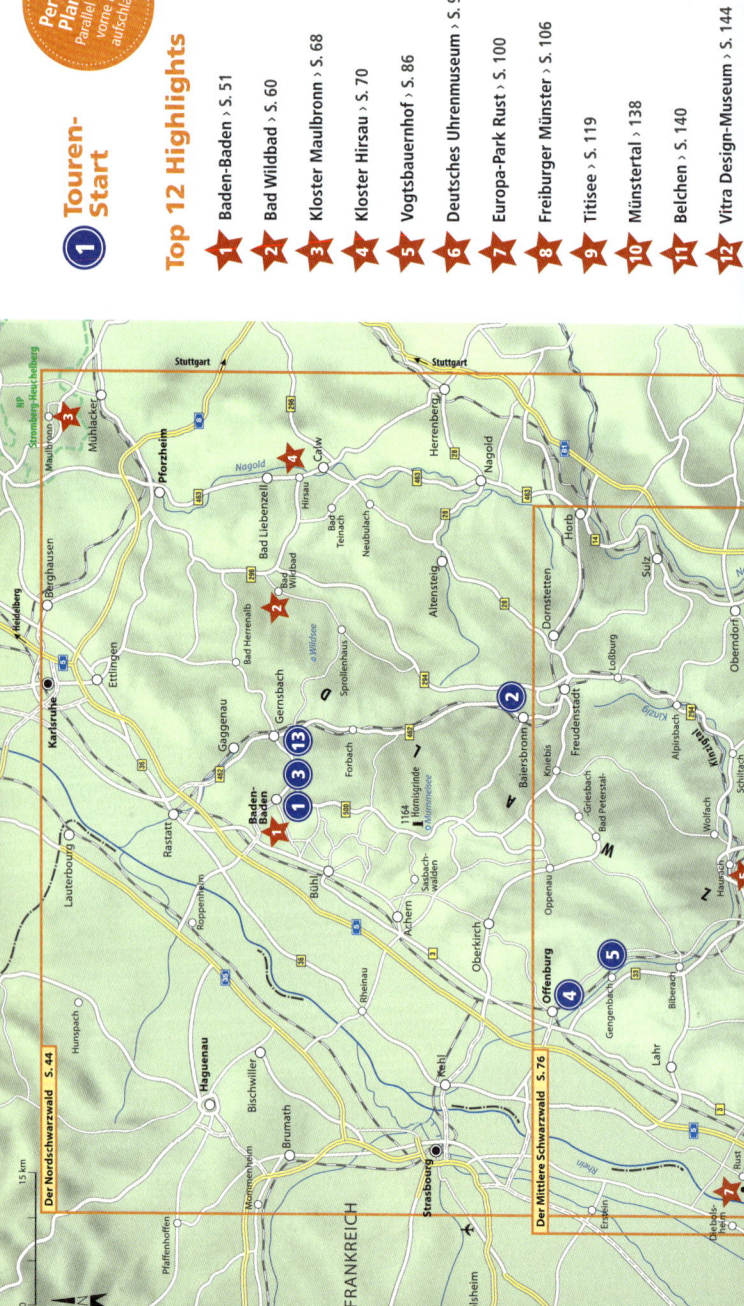

Zeichenerklärung der Karten

☐ beschriebene Region (Seite=Kapitelanfang)

10 E h Sehenswürdigkeiten

④ Tourenvorschlag

Autobahn

Schnellstraße

Hauptstraße

sonstige Straßen

Fußgängerzone

Eisenbahn

Staatsgrenze

Landesgrenze

Nationalparkgrenze

Schöne Fachwerkbauten stehen
im Klosterdorf Maulbronn

TYPISCH

Der Schwarzwald ist eine Reise wert!

Natur pur, genau das ist es, was viele Gäste im Schwarzwald suchen und tatsächlich auch finden. Wandern, radeln, in einer Therme entspannen und gut essen, verbunden mit einem Gläschen Wein. Viel mehr braucht es nicht zum Ferienglück.

Der Autor **Rolf Goetz**
ist gebürtiger Schwarzwälder, studierte an der Freien Universität Berlin Publizistik und Psychologie und arbeitet heute als freier Journalist – im Sommer in Stuttgart, im Winter auf den Kanarischen Inseln. Zu seiner Heimat wie auch zu anderen Regionen verfasste er zahlreiche Wander- und Reiseführer. Für die Reihe POLYGLOTT on tour wirkte er u. a. an dem Band Mecklenburg-Vorpommern mit.

Der Schwarzwald ist weitaus mehr als das höchste deutsche Mittelgebirge, er ist eine Erholungslandschaft par excellence. Keine Autobahn zerschneidet die Region, und das soll auch zukünftig so bleiben. Klar, ein paar gut ausgebaute Bundesstraßen gibt es schon, die weiß man zu schätzen, wenn es schnell mal nach Freiburg oder auf den Feldberg gehen soll. Stichwort Feldberg: Jeder Schwarzwälder muss mindestens einmal auf dem höchsten deutschen Gipfel nördlich der Alpen gestanden haben. Noch bevor ich in die Schule kam, eigentlich konnte ich gerade erst richtig laufen, schleppten mich meine Eltern

Immer wieder phantastisch: die Aussicht vom Belchen

Der Titisee ist ein Genuss, vor allem in der Vorsaison!

zum Greifen nahen Mont Blanc und links davon auf das Trio von Eiger, Mönch und Jungfrau. Damals durfte man mit dem Auto noch bis fast auf den Gipfel des Belchen hinauffahren, was mir persönlich sehr entgegen kam.

Mittlerweile besuche ich die Berge freiwillig und bin jedes Mal überrascht, was es alles Neues zu entdecken gibt.

Als das neue Herz des Schwarzwaldes fungiert der jüngst eröffnete Nationalpark im nördlichen Teil des Berglandes. Im Vorfeld gab es reichlich Zündstoff über das Für und Wider, es wurde viel diskutiert und lautstark protestiert. Nun ist der Nationalpark also da, und was seither alles auf den Weg gebracht wurde, ist beachtlich. Von Stuttgart bin ich in anderthalb Stunden im Kerngebiet des Schutzgebietes. Meist breche ich in aller Frühe auf, dann habe ich den Bannwald rund um den Wildsee noch für mich alleine. Hier darf Natur

auf ihren Berg der Berge hinauf. Um den Quengelfaktor möglichst gering zu halten, wurde für das letzte Stück der Sessellift in Anspruch genommen. Anschließend stand dann für mich das eigentliche Highlight des Sonntagsausflugs auf dem Programm – eine Stunde Tretbootfahren auf dem Titisee. Nun, der See ist zugegebenermaßen wirklich zauberhaft. Dass man Schönes mit vielen Anderen teilen darf, liegt in der Natur der Sache. Doch der Rummel in der Hochsaison ist gewaltig, ich gehe da nur noch unter der Woche hin.

Natürlich musste ich auch mit auf den Belchen, mit 1414 Metern die Nummer drei unter den rund 100 Tausendern im Schwarzwald. Wegen der phänomenalen Aussicht war dieser Berg für unseren Heimatdichter Johann Peter Hebel »die erste Station von der Erde zum Himmel«. Stolz zeigte mein Vater mit dem Finger auf den zumindest für ihn

In der Gerberau in Freiburg lässt sich manch nettes Detail entdecken!

Diese Uhr hätte ich mir beinahe gekauft!

noch Natur sein, entsprechend urwaldartig zeigt sich die Szenerie. Nach ein paar Wanderstunden in der wirklich guten Schwarzwaldluft geht es dann auf der Schwarzwaldhochstraße zurück. Praktischerweise liegt die Kniebis-Hütte am Weg, wo ich bei einem zünftigen Vesper nochmals in aller Ruhe den Tag Revue passieren lassen kann.

Und dann natürlich Freiburg! Ganz klar, das ist meine Lieblingsstadt. Ziellos durch die historische Altstadt rund um das imposante Münster bummeln und dabei in einem der Straßencafés die entspann-

te, fast schon südländische Atmosphäre aufnehmen, das hat schon was. Immer wieder lohnend sind auch kurze Stippvisiten ins wie aus dem Ei gepellte Fachwerkdorf Schiltach, in die Hermann-Hesse-Stadt Calw oder ein anderes schmuckes »Städtle«. Und wenn es dann mal ein außergewöhnlicher Kunst- und Kulturgenuss sein soll, stehe ich mittags vor den Picassos im Burda-Museum in Baden-Baden und genieße abends im Festspielhaus ein hochkarätiges Klassikevent.

Woran denken übrigens Sie als erstes beim Wort Schwarzwald? Ziemlich sicher dürften Kirschtorte, Schwarzwälder Schinken und Kuckucksuhr in den Sinn kommen. Oder etwa der rote Bollenhut, den die Touristikplaner jüngst wieder aus der Mottenkiste zogen und zum Logo der Region stilisierten? Klischees dieser Art sind mir als gebürtiger Schwarzwälder natürlich auch nicht fremd. Speck gab es in meiner Kindheit fast immer, Kirschtorte jeden dritten Sonntag. Und selbstverständlich hing in unserem Wohnzimmer auch eine Kuckucksuhr. Schon Minuten vor jeder vollen Stunde warteten wir Kinder gespannt, bis endlich der Vogel aus seinem Häuschen sprang und lautstark verkündete, dass wir wieder eine Stunde älter geworden sind. Wenn das mechanische Uhrwerk abgelaufen war, durfte ich dann an den beiden gusseisernen Tannenzapfen das Wunderwerk wieder aufziehen …

Muss sein: Schwarzwälder Kirschtorte

Reisebarometer

Was macht den Schwarzwald so besonders?
Sind es die stillen Wälder, die wildromantischen
Bergseen oder die urigen Landgasthöfe mit
ihrer bodenständigen Küche? Wir zeigen die
Schokoladenseiten des Waldgebirges.

Abwechslungsreiche Landschaft
Ein Nationalpark und zwei große Naturparks

Kultur und Geschichte
Herausgeputzte Fachwerkstädtchen, unzählige Museen
mit viel Brauchtum und Heimatkunde

Feste und Events
Kirchen- und Weinfeste, Klassikfestivals und Fasnacht

Kulinarische Vielfalt
Bodenständige badisch-schwäbische Küche mit Anleihen
aus dem Elsass und der Schweiz

Spaß und Abwechslung für Kinder
Badeseen und Erlebnisbäder, vielfältige Programme

Shoppingangebot
Große Auswahl an Kunsthandwerk

Sportliche Aktivitäten
Attraktiv für Radfahrer, Mountainbiker und Langläufer

Wanderlust
Hervorragend markiertes 24 000 km langes Wegenetz

Geeignet für Badeurlaub
Einige Badeseen laden zur Abkühlung ein.

Preis-Leistungs-Verhältnis
Überschaubare Ausgaben für Unterkunft und Essen

● = gut   ● ● ● ● ● = übertrifft alle Erwartungen

50 Dinge, die Sie …

Hier wird entdeckt, probiert, gestaunt, Urlaubserinnerungen werden gesammelt und Fettnäpfe clever umgangen. Diese Tipps machen Lust auf mehr und lassen Sie die ganz typischen Seiten erleben. Viel Spaß dabei!

… erleben sollten

(1) **Hahn-und-Henne-Kurs** In der Keramik Manufaktur › **S. 85** in Zell am Harmersbach können Sie unter Anleitung ihre ganz persönliche Henkeltasse bemalen.

(2) **Feuchtes Vergnügen** Als Freizeitkapitän über den Schluchsee › **S. 122** schippern – die Flotte des Bootsbetriebs Müllers macht's möglich. Genießer mieten ein Elektroboot, Sportliche ein Ruderboot, erfahrene Segler einen Kielzugvogel (www.staumauer-schluchsee.de).

(3) **Zielgenau** In Eisenbach [C2] im Hochschwarzwald können Einsteiger und Profis sich in der Kunst des Bogenschießens üben und Kurse belegen, im Sommer draußen, im Winter in der Halle (Hotel Bad, Hauptstr. 55, 79871 Eisenbach, Tel. 07657/471, www.bogensport hotel.de).

(4) **Wildnis pur** Die Kraft des Wirbelsturms Lothar von 1999 nacherleben kann man auf dem neuen Wildnispfad durch den Nationalpark Schwarzwald › **S. 46**. Der 4,5 km lange Rundweg durch den Bannwald am Ochsenkopf startet am Parkplatz Plättig (B 500) [C2].

(5) **Botanische Überraschung** In Hinterzarten › **S. 118** beginnt unweit vom Bahnhof ein Bohlenweg durch das Hinterzartener Moor. Auf der Wanderung (ca. 1 Std.) durch die Moorlandschaft sieht man Moorkiefern, Moosbeeren und auch den Fleisch fressenden Sonnentau.

(6) **Wintererlebnis** Von Ruhestein [C3] verläuft ein aussichtsreicher Schneeschuhtrail zum Schliffkopf, bei gutem Wetter schaut man dabei in die Rheinebene hinab. Wer keine eigenen Schneeschuhe hat, kann diese im Nationalparkzentrum ausleihen.

(7) **Extrem familienfreundlich** Fast von der Quelle bis zur Mündung der Kinzig radeln – der 95 km lange Radweg vom Bahnhof in Freudenstadt › **S. 64** bis Offenburg macht es möglich. Vor allem die sanft abfallende Strecke ab Wolfach ist purer Genuss und auch für Kinder machbar (www.kinzigtal.com).

(8) **Badeidyll** Ein alternativer Badeplatz zum umtriebigen Schluchsee ist der nur wenige Kilometer entfernte kleine Schlüchtsee bei Grafenhausen [C7]. Besonders reizvoll zeigt er sich zur Seerosenblüte im Frühsommer.

Der Schluchsee bietet Wasservergnügen für jedermann

(9) **Wiesensteig für Genießer** Der neue Premiumweg ab Bad Peterstal-Griesbach › **S. 85** durch das Tal der Wilden Rench hat alles, was Wanderherzen höher schlagen lässt: naturnahe Pfade, Himmelsliegen und mit der Renchtalhütte eine vorzügliche Einkehrmöglichkeit.

(10) **Schwarzwald von oben** Auf dem Bad Wildbader Sommerberg › **S. 60** kann auf einem 1,2 km langen und bis zu 20 m hohen Baumwipfelpfad entlang spaziert werden. Allein schon die Sicht von dem 40 m hohen Aussichtsturm ist eine Wucht (www.baumwipfelpfad-schwarzwald.de).

(11) **Mit dem Ranger unterwegs** Was es im neuen Nationalpark alles zu entdecken gibt! Fachkundige Ranger machen auf Führungen neben Flora und Fauna auch mit dem sensiblen Ökosystem als Ganzem bekannt. Programminfo über das Nationalparkzentrum Ruhestein [C3] (Tel. 0 74 49/9 10 20, www.nationalpark-schwarzwald.de).

(12) **In die Luft gehen** Heißluftballonfahren wird im Schwarzwald immer beliebter. Eine deutsch-französische Ballonagentur mit Sitz in Baden-Baden ist Ballooning 2000 [C2], die auch mal über die Grenze in die Vogesen fliegt (Dr.-Rudolf-Eberle-Str. 5, Tel. 0 72 23/6 00 02, www.ballooning2000.de).

… probieren sollten

(13) **Süße Versuchung** An der Kirschtorte führt im Schwarzwald kcin Weg vorbei. Die fällt mitunter ziemlich voluminös aus, spielend für zwei reicht ein Stück im Café Dammert › **S. 96** in der Villinger Altstadt.

(14) **Lange Rote** Ein Bummel über den Wochenmarkt am Freiburger Münster › **S. 106** wäre ohne eine 35 cm lange Rote vom Rost nur eine halbe Sache. Immer mit Senf, oder noch eine Spur deftiger, mit gebratenen Zwiebeln.

Feuchtes Vergnügen: Die Da-Bach-na-Fahrt am Rosenmontag in Schramberg

15 Reste von gestern Ursprünglich ein Resteessen vom Vortag steht die aus Pfannkuchenstreifen zubereitete Flädlesuppe wieder in so manchem Landgasthof auf der Karte, auch im Sternelokal Fallert › **S. 73** in Sasbachwalden.

16 Auch für Ledige Sie müssen sich nicht unbedingt das Ja-Wort gegeben haben, um eine Hochzeitssuppe mit Markklößchen und anderen leckeren Einlagen zu genießen. Den stilvollen Rahmen liefert das Café König › **S. 54** in Baden-Baden.

17 Kalte Küche für zwischendurch Einmal am Tag wird im Schwarzwald gevespert, am besten eine rustikale Vesperplatte mit Speck, Schwarzwurst und Bauernbratwürsten, z. B. beim Strohhofwirt › **S. 84** in Gengenbach. Dazu trinkt man hausgemachten Apfelmost.

18 Klassisch und gut Der Zwiebelrostbraten mit Spätzle und kleiner Salatbeilage gehört zu den Klas-

sikern der badisch-schwäbischen Küche. Im Bären › **S. 65** in Freudenstadt wird er zwar nicht ganz stilecht mit Kroketten serviert, ist dennoch eine Empfehlung wert.

19 Exklusiv und lecker Bei Lust auf Süßes ist die Confiserie von Rafael Mutter › **S. 111** in Freiburg die richtige Adresse. Genießen Sie die verführerischen Desserts, etwa Champagnerkegel oder Mousse mit Mango-Topping.

20 Käse von glücklichen Kühen und Ziegen Im Münstertal stellt die Bio-Hofkäserei Glocknerhof [A7] feinen Rohmilchkäse sowie den mild gereiften Münstertaler her. Die Tiere haben Weidegang und futtern ausschließlich frisches Gras oder Heu (Tel. 07636/518, www.kaeserei-glocknerhof.de).

21 Lebenselixiere Der Schwarzwald ist bekannt für seine hochprozentigen Obstschnäpse, sei es aus Kirschen, Zwetschgen oder Birnen.

In der einen oder anderen Hausbrennerei sollte man die lokalen Brände probieren, z. B. bei der Brennerei Grüner Baum [B2] in Oberkirch-Ödsbach › S. 75 (www.waldhotel-gruener-baum.de).

(22) Gutes vom Lamm Die Metzgerei Koch [C3] in Baiersbronn › S. 62 ist für ihre Lammspezialitäten bekannt, im Angebot sind unter anderem Lammschinken aus dem Fichtenrauch und mit Wiesenthymian gewürzte Bratwürste, sogenannte Schäferstecken (Murgtalstr. 160, Tel. 0 77 42/12 21 03).

(23) Frisch aus dem Teich Regenbogen-, Bach- und Lachsforellen bietet der Forellenhof Eckert [B2] in Herrischried › S. 132 an, wahlweise frisch oder geräuchert und vakuumverpackt (www.eckert-forellenhof.de).

(24) Cooler Kult Das Tannenzäpfle-Pils aus der Badischen Staatsbrauerei Rothaus › S. 123 fehlt in keinem Szenelokal und ist auch über die Schwarzwaldgrenzen hinaus Kult. Das Bier gibt es übrigens auch alkoholfrei.

… bestaunen sollten

(25) Balzer Herrgott wird der in einer Buche platzierte, aus Sandstein geformte Christustorso genannt. Damit sein Antlitz weiterhin gut sichtbar bleibt, muss die Figur ab und an »frei geschnitten« werden. Man erreicht das Naturdenk-

mal von der Hexenlochmühle › S. 93 bei Furtwangen auf einem beschilderten Wanderweg.

(26) Weihnachtszauber Zwischen Weihnachten und Neujahr verwandeln sich die Triberger Wasserfälle › S. 90 in ein mit Abertausenden von Lichtern illuminiertes Wintermärchen (www.triberger-weihnachtszauber.com).

(27) Keltische Spuren Der Schatz des Villinger Franziskanermuseums › S. 95 ist ein 2600 Jahre altes keltisches Fürstengrab. Die Grabkammer gilt als größter Holzfund aus der Hallstattzeit in Mitteleuropa.

(28) Phänomenale Kirchenkunst Garantiert zu den Highlights im Freiburger Augustinermuseum › S. 108 gehört das Gemälde »Muttergottes mit schlafendem Kind« (1520) von Hans Baldung.

(29) Liege mit Aussicht Ein mit Sitzen, Liegen und Tischen ausgestatteter Baumstamm lädt auf dem Stübenwasen oberhalb von Todtnauberg › S. 127 zum Ausruhen und Verweilen ein. Mit stattlichen 44 m Länge ist die Baumliege die bislang längste der Welt.

(30) Fasching auf Alemannisch Auf der Da-Bach-na-Fahrt in Schramberg › S. 94 bleibt kein Auge trocken: Am Rosenmontag brechen rund 80 Narren in mehr oder weniger schwimmfähigen Holzzubern zu einer rasanten Fahrt auf der Schiltach auf.

31 Antikes Kleinod Zu den kostbarsten Exponaten des Pforzheimer Schmuckmuseums › S. 67 gehört ein goldener Schlangenarmreif aus dem dritten vorchristlichen Jahrhundert.

32 Modellbahnschau Über 15 Züge der Spur H0 rattern auf 200 Metern Gleis. Die Ausstellung im Café Feldbergblick [C2] in Schwärzenbach begeistert jeden Märklin-Fan (www.cafe-feldbergblick.de).

33 Nostalgische Rallye In Baiersbronn › S. 62 wird im September eine dreitägige Oldtimer-Rallye mit mehr als 100 Teams ausgetragen. Die rund 500 kurvenreichen Kilometer durch Schwarzwald und Ortenau sind für Fahrer und Zuschauer gleichermaßen ein Spektakel (www.baiersbronn-classic.de).

34 Gelebte Religion Alljährlich an Fronleichnam wird der Zufahrtsweg von der Ortsstraße zum Kloster St. Trudpert › S. 139 mit kunstvollen Blumenbildern geschmückt, im südbadischen Raum gehören sie zu den schönsten.

35 Alte Pracht Weder Heimatmuseum noch Landgasthof, doch für beides würde die mehr als 200 Jahre alte Landwasserhofmühle den passenden Rahmen abgeben. Sie steht bei Oberprechtal › S. 88 an der Straße nach Gutach.

36 Wellnessoase Das imposante Friedrichsbad in Baden-Baden › S. 52 wurde auf den Fundamenten einer römischen Therme erbaut.

Die gewaltige Kuppel des bereits 1877 eröffneten Badetempels fasziniert jeden Besucher.

… mit nach Hause nehmen sollten

37 Naturbelassen Der herb-würzige Schwarzwälder Tannenhonig gehört zum Besten, was es auf dem Markt gibt, erhältlich in Freiburg in der Honig-Galerie [b2] (Fischerau 7, www.honiggalerie.de).

38 Direkt vom Winzer In der Vinothek Breisach [A5] kann man die guten Tropfen vom Kaiserstuhl, der Ortenau und dem Markgräflerland kosten und auch kaufen (Am Marktplatz 16, Breisach, www.vinothek-breisach.de).

39 Schwarzwild Hinter dem Namen versteckt sich eine kleine Kaffeerösterei in Freiburg [c3], die mit ganz auf den persönlichen Geschmack abgestimmten Kaffeemischungen aufwartet (Karthäuserstraße 60, Tel. 07 61/29 08 88 05, www.roesterei-schwarzwild.de).

40 Aus der Räucherkammer Eine gute Adresse für Schwarzwälder Schinken mit EU-Gütesiegel »Geschützte geografische Angabe« ist Räucherspezialitäten Pfau [D3] (Alte Poststr. 17, Herzogsweiler, www.pfau-schinken.de).

41 Kuckuck ruft's aus dem Wald Das Schwarzwaldsouvenir schlechthin ist die Kuckucksuhr, neben dem traditionellen Design gibt es diese auch in ultramodernem Outfit, z. B. bei Uhren Brunner › S. 120 in Titisee (Seestr. 10, Titisee, www.uhrenbrunner-titisee.de).

42 Kopfputz einmal anders Die Hutfabrik Sutterer [B2] in Achern bietet für den Herrn einen Schwarzwälder aus schwarzem Wollfilz an, der zu vielen Anlässen passt (Allerheiligenstr. 51, Tel. 07841/4141, www.hutfabrik-sutterer.de).

43 Alles unter einem Dach In der Marktscheune bei Gengenbach › S. 83 kann man sich mit regionalen Spezialitäten wie Wurstwaren, Marmelade und edlen Bränden eindecken (Auf dem Grün 1, Berghaupten, www.markt-scheune.com).

... bleiben lassen sollten

44 An einem Sommerwochenende auf den Feldberg fahren Staus sind dann auf jeden Fall vorprogrammiert, wenn irgend möglich, sollte man den Ausflug auf einen Wochentag legen.

45 Sterneküche ohne Reservierung Ein Essen in einem der Gourmetlokale sollte man mehrere Wochen im Voraus planen.

46 Bei dunklen Wolken zu Wanderungen aufbrechen Tiefausläufer mit plötzlich einsetzenden Regengüssen können schnell einen Waldweg unpassierbar machen.

Friedrichsbad in Baden-Baden

47 Das markierte Wegenetz verlassen Vor allem im Nationalpark Schwarzwald wird gebeten, auf den markierten Wegen zu bleiben.

48 In der Freiburger Altstadt parken In der ökologisch ausgerichteten Stadt ist die Innenstadt fast komplett autofrei. Große Parkhäuser gibt es u. a. am Bahnhof.

49 Ohne Schneeketten in den Skiurlaub fahren Auf der Schwarzwaldhochstraße herrscht nur in Ausnahmejahren Kettenpflicht, Wintersportler sollten sich dennoch vorher informieren.

50 High Heels auf dem Marktplatz Die kopfsteingepflasterten Gassen rund um das Freiburger Münster haben ihre Tücken. Großen Spaß machen dort Stöckelschuhe jedenfalls nicht, auch die vielen Bächle sollte man im Auge haben.

Die ganze Welt
von POLYGLOTT

Mit POLYGLOTT ganz entspannt auf Reisen gehen. Denn bei über 150 Zielen ist der richtige Begleiter sicher dabei. Unter www.polyglott.de finden Sie alle POLYGLOTT Reiseführer und können ganz einfach direkt bestellen. GUTE REISE!

Meine Reise, meine APP!

Ob neues Lieblingsrestaurant, der kleine Traumstrand, die nette Boutique oder ein besonderes Erlebnis: Die kostenfreie App von POLYGLOTT ist Ihre persönliche Reise-App. Damit halten Sie Ihre ganz individuellen Entdeckungen mit Fotos und Adresse fest, verorten sie in einer Karte, machen Anmerkungen und können sie mit anderen teilen. So wird Ihre Reise unvergesslich.

**Mehr zur App unter
www.polyglott.de/meineapp
und mit dem QR-Code direkt
auf die Seite gelangen**

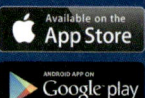

Geführte Tour gefällig?

Wie wäre es mit einer spannenden Stadtrundfahrt, einer auf Ihre Wünsche abgestimmten Führung, Tickets für Sehenswürdigkeiten ohne Warteschlange oder einem Flughafentransfer? Buchen Sie auf **www.polyglott.de/tourbuchung** mit rent-a-guide bei einem der deutschsprachigen Guides und Anbieter weltweit vor Ort.

**Clever buchen, Geld sparen mit
Gutscheinaktion unter
www.polyglott.de/tourbuchung**

Die Gutscheinaktion läuft mind. bis 01.01.2017. Veranstalter der Aktion: rent-a-guide GmbH

www.polyglott.de

Was steckt dahinter?

Die kleinen Geheimnisse sind oftmals die spannendsten. Wir erzählen die Geschichten hinter den Kulissen und lüften für Sie den Vorhang.

Wie kam der Schwarzwald zu seinem Namen?

Der Name »Svarzwald« taucht erstmals 868 in einer St. Galler Klosterurkunde auf. Damals war das Innere des Waldgebirges noch kaum besiedelt. Warum man sich bei der Nennung für die Farbe Schwarz entschieden hatte, mag wohl an den dunklen Tannenwäldern gelegen haben. »Grünwald« oder im Winter »Weißwald« würde eigentlich besser passen!

Warum fliegen in Sulzburg die Funken?

Der Brauch des Funkenfeuers ist außer im Schwarzwald auch im Elsass, Allgäu sowie in Tirol und Graubünden verbreitet, in Sulzburg › S. 108 und den umliegenden Gemeinden ist das Spektakel als Scheibenfeuer bekannt. Am Samstag nach Aschermittwoch fliegen dort brennende Holzscheiben mit viel Funkengestöber durch die Luft. Grund dafür: Mit dem mehr als tausend Jahre alten Fasnachtsbrauch soll endgültig der Winter ausgetrieben werden, zugleich wird damit die Fastenzeit begonnen.

Warum entspringt die Donau nicht in Donaueschingen?

Seit römischer Zeit wird die Quelle im heutigen Garten des Schlosses der Fürsten zu Fürstenberg in Do-

naueschingen › S. 98 der Donau zugeschrieben. Geografen sehen den Ursprung der Donau jedoch in den beiden Quellflüssen Brigach und Breg › S. 93, die sich knapp 2 km östlich von Donaueschingen vereinen. Ab dort wird der Fluss Donau genannt. Da die bei Furtwangen entspringende Breg 5 km länger als die Brigach ist, gilt sie als die offizielle Donauquelle. Schon Erstklässler lernen den Merkspruch: »Brigach und Breg bringen die Donau zu Weg«. Dessen ungeachtet steht bei Touristen das Quellbecken in Donaueschingen hoch im Kurs.

Was hat es mit dem Hornberger Schießen auf sich?

Wenn ein ursprünglich groß angekündigtes Ereignis letztendlich im Sande verläuft, dann geht es aus wie das Hornberger Schießen. Die Redewendung geht auf 1564 zurück, als der damalige Herzog von Württemberg sich zum Besuch in Hornberg › S. 78 angemeldet hatte. Die Hornberger wollten ihn gebührend mit Kanonenschüssen empfangen. Bei jeder am Horizont auszumachenden Staubfahne gab man einen Salutschuss ab, doch mal soll es sich um eine Postkutsche, mal um ein paar Kühe gehandelt haben. Bis der Gast schließlich eintraf, war das Pulver schließlich komplett verschossen.

Blick auf Breisachs Altstadt mit dem St. Stephansmünster

REISE-PLANUNG & ADRESSEN

Die Reiseregion im Überblick

»Seltsam schöne Hügelfluchten, dunkle Berge, helle Matten,
rote Felsen, braune Schluchten, überflort von Tannenschatten!«

Die poetische Liebeserklärung des Nobelpreisträgers Hermann Hesse an seine Heimat, das Schwarzwaldstädtchen Calw, hat bis heute Gültigkeit. Immergrüne dunkle Wälder mit hohen Tannen und Fichten so weit das Auge reicht – der Schwarzwald macht seinem Namen alle Ehre. Dazwischen gestreute Täler, eiszeitliche Karseen und Hochmoore vereinen sich zu einer attraktiven Ferienregion. Der Reiz der Erholungslandschaft liegt nicht zuletzt in ihrer Vielfalt. Das höchste Mittelgebirge Deutschlands ist Feriengästen weit über die Landesgrenzen hinaus bekannt.

Im **Nordschwarzwald** nimmt Baden-Baden die führende Rolle ein. Das Flair einer traditionsreichen Kurstadt verbindet sich hier mit vielfältigen Wellnessangeboten und interessanten Ausflugsmöglichkeiten. Das internationale Publikum weiß vor allem das hochkarätige Kulturangebot der Bäderstadt zu schätzen. Größte Talschaft im Norden ist das Murgtal. Die dortige Sternegastronomie kann es ohne Weiteres mit der in den Weltmetropolen aufnehmen.

Mit seinem weit verzweigten System an Seitentälern prägt das Kinzigtal den **Mittleren Schwarzwald.** Wer altes Brauchtum oder Fachwerkromantik sucht, ist hier bestens aufgehoben. Viel Schwarzwald verspricht etwa der Vogtsbauernhof, landschaftliche Höhepunkte sind die Wutachschlucht und die Triberger Wasserfälle.

Metropole im Breisgau und »Bundeshauptstadt im Klimaschutz 2010« ist die Universitätsstadt **Freiburg.** In der südlichsten Großstadt Deutschlands werden Umweltschutz und ein vorbildlich ausgebautes öffentliches Verkehrsnetz ganz groß geschrieben. Von der restaurierten Altstadt sind schnell die Schwarzwaldhöhen erreicht, der 1284 m hohe Schauinsland liegt

Daran gedacht?

....

**Einfach abhaken und
entspannt abreisen**

- [ ] **Personalausweis**
- [ ] **Bahnticket**
- [ ] **Führerschein** (Leihwagen)
- [ ] **Babysitter für Pflanzen
      und Tiere organisiert**
- [ ] **Zeitungsabo umleiten/
      abbestellen**
- [ ] **Postvertretung organisiert**
- [ ] **Hauptwasserhahn abdrehen**
- [ ] **Fenster zumachen**
- [ ] **Nicht den AB besprechen**
      **»Wir sind für zwei Wochen
      nicht da«**
- [ ] **Kreditkarte einstecken**
- [ ] **Medikamente einpacken**
- [ ] **Ladegeräte**

praktisch vor der Haustüre. Die günstige Lage im Dreiländereck beeinflusst Sprache, Kultur und Gastronomie nicht nur in Freiburg, sondern auch in der anschließenden Region.

Der **Südschwarzwald** punktet mit den höchsten Gipfeln des Mittelgebirges, Luftkurorte wie Hinterzarten, Feldberg und Todtnau sind beliebte Wintersportplätze. Im Sommer wird hier ausgiebig gewandert und geradelt. Der Ausflugsverkehr konzentriert sich rund um Titisee und Schluchsee, an deren Ufern in der warmen Jahreszeit reger Badebetrieb herrscht. Wer auf Ruhe aus ist, findet im weniger umtriebigen Hotzenwald (zwischen St. Blasien und Bad Säckingen) stille Ferienorte. Während das Wetter auf den Schwarzwaldhöhen und der im Osten angrenzenden Hochfläche der Baar mitunter rau sein kann, zeichnet sich der Westrand des Waldes durch ein ausgesprochen mildes Klima aus. Durch die Niederung der Burgundischen Pforte strömt milde Luft in den Breisgau, das Markgräflerland und über den Kaiserstuhl, der sich aus der Oberrheinischen Tiefebene erhebt. Zwischen Weinbergen, Obstkulturen und Spargelfeldern hat sich hier ein fast schon mediterran anmutender Lebensstil entwickelt.

Klima & Reisezeit

Wer einem heißen Sommer in der Ebene entfliehen will, findet auf den luftigen Schwarzwaldhöhen Erfrischung.

Das Mittelgebirgsklima sorgt für relativ kühle Sommer und nicht zu kalte Winter. Viele Kurorte im nördlichen Schwarzwald profitieren von einem Heilklima mit sechs verschiedenen Reizstufen, während im südlichen Teil stärkere Sonneneinstrahlung und Reizklima vorherrschen. In den Gebirgslagen klettert das Thermometer meist nicht über 25 °C, während die Oberrheinebene gelegentlich mit Temperaturen von 35 °C und mehr aufwartet.

Im Herbst und Winter drückt oft tagelang dichter Nebel aufs Gemüt der Rheintalbewohner, während ab 900 m Höhe herrlicher Sonnenschein und ein Fernblick bis zu den Alpen Tausende von Ausflüglern in die Berge locken. Wintersportler kommen von Dezember bis März auf ihre Kosten, auch wenn Frau Holle ihre Betten in der Schwarzwaldregion gelegentlich weniger heftig ausschüttelt als früher.

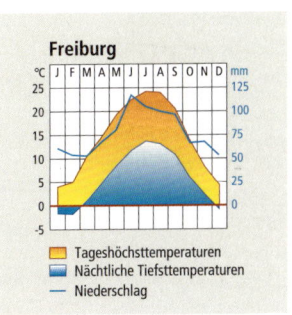

Freiburg

Tageshöchsttemperaturen
Nächtliche Tiefsttemperaturen
Niederschlag

Der Kaiserstuhl ist einer der wärmsten Flecken Deutschlands mit einem Jahresdurchschnitt von knapp 10 °C. Schon Ende Februar strecken hier die ersten Frühlingsboten ihre Köpfe aus der Erde.

Anreise

Besucher, die mit dem Pkw anreisen, erreichen den Schwarzwald über die Autobahnen A 5 (Frankfurt – Basel), A 8 (Karlsruhe – München) oder A 81 (Stuttgart – Singen).

Von den Abfahrten führen gut ausgebaute Bundesstraßen zu den Zielorten. Auch mit der **Bahn** ist der Schwarzwald gut zugänglich. Viele Gastgeber holen ihre Gäste am Bahnhof ab.

Mit dem **Flugzeug** sind der Flughafen Stuttgart-Echterdingen, der Euro-Airport Basel-Mulhouse-Freiburg (mit direktem Flughafenbus nach Freiburg im Breisgau) und der Baden Airpark nahe Baden-Baden die beste Wahl.

Reisen in der Region

Mit Bahn und Bus

Das öffentliche Verkehrsnetz ist im Schwarzwald sehr gut ausgebaut. Mit Bus und Bahn sind auch kleinere Ortschaften erreichbar. Die **Schwarzwaldbahn** von Offenburg nach Donaueschingen ist auch mehr als 130 Jahre nach der Inbetriebnahme ein bedeutendes regionales Verkehrsmittel.

Einzigartig für eine Ferienregion von der Größe des Schwarzwaldes ist die **Konus-Gästekarte** (www.konus-schwarzwald.info). Sie gewährt in den teilnehmenden Gemeinden allen Übernachtungsgästen die kostenfreie Nutzung von Bussen und Bahnen (ausgenommen IC, EC und ICE). Die Gästekarte wird bei der Anmeldung vom jeweiligen Gastgeber ausgestellt. Bis auf größere Städte sind fast alle namhaften Ferien- und Kurorte mit mehr als 10 000 Gastgebern an das Netzwerk angeschlossen.

Tagesausflügler fahren preisgünstig mit den **Baden-Württemberg-Tickets** der Deutschen Bahn (www.bahn.de, Stichwort Ländertickets). Es ist für ein bis fünf Personen gültig und zwar in allen Nahverkehrszügen sowie in S-Bahnen und Bussen der angeschlossenen Verkehrsbetriebe. In der jeweiligen Hauptsaison verkehren spezielle **Wander- und Skibusse**.

Elektronische Fahrplanauskunft Baden-Württemberg
• www.efa-bw.de | Tel. 0 18 05/77 99 66

Mit dem Auto

Abgesehen von der A 5 Karlsruhe –Basel am äußersten Westrand führen keine Autobahnen durch den Schwarzwald. Ein Umstand, der auf den ersten Blick nachteilig sein mag, für den guten Erholungswert der Ferienregion jedoch nicht unerheblich ist.

Gut ausgebaute Bundesstraßen sorgen dennoch für schnelle Fortbewegung. Zentrale Verkehrsadern sind die beiden Teilstücke der B 500 von Baden-Baden nach Freudenstadt (Schwarzwaldhochstraße) und von Triberg nach Waldshut, ferner die B 294 von Pforzheim nach Freiburg sowie die B 33 von Offenburg nach Donaueschingen. Auch Nebenstrecken sind gut ausgebaut. Im Winter ist mitunter mit widrigen Verkehrsverhältnissen durch Schneefall und Glatteis zu rechnen, besonders betroffen davon können die Straßen im Hochschwarzwald rund um den Feldberg sein.

Sport & Aktivitäten

Der Schwarzwald hält für jede Jahreszeit die passenden Freizeitaktivitäten bereit. Im Winter geben Skifahren, Rodeln und Eisschnelllaufen den Ton an, vom Frühjahr bis in den Spätherbst hinein darf nach Herzenslust gewandert und geradelt werden.

Wandern und Nordic Walking

Sind die Skifahrer auf dem Heimweg › S. 124, **Special Wintersport**, reisen die Wanderer an. Mit seinem hervorragend ausgebauten Wegenetz zählt der Schwarzwald zu den besten Wanderrevieren Deutschlands. Der Schwarzwaldverein be-

Die Sauschwänzlebahn dampft von Blumberg nach Weizen

SPECIAL

Abenteuer für die ganze Familie

Erholung pur – das wünschen sich auch die Eltern, die mit ihrem Nachwuchs in Urlaub fahren, aber trotzdem zwischendurch mal ganz abschalten wollen. Deshalb hat man sich im Schwarzwald mancherorts mächtig ins Zeug gelegt, hat Freizeit- und Erlebniskonzepte für die kleinen Gäste entwickelt, sodass auch Eltern hier richtig verschnaufen können.

Kinder ausdrücklich erwünscht

Zum Beispiel in den **familienfreundlichen 16**: Das sind 16 Orte im Schwarzwald, die beim Landeswettbewerb Baden-Württemberg »Ferien für die Familie« eine besondere Auszeichnung erhielten (u.a. Baiersbronn, Hinterzarten, Sasbachwalden und Todtmoos). Jahr für Jahr werden hier unterhaltsame und aufregende Ferienangebote entwickelt: so u.a. Reit- und Bastelkurse, Kasperletheater, Vorlesestunden, Fackelwanderungen und Waldentdeckungstouren, Spielfeste, Schatzsuchen, gespenstische Nachtwanderungen und Theaterwerkstätten – der Fantasie sind keine Grenzen gesetzt. Auch im Winter ist mit Rodeln, Skifahren oder Schlittschuhlaufen für jede Menge Abwechslung gesorgt, › S. 124, Wintersport. Und die Hoteliers sorgen dafür, dass sich auch die Kleinsten zu Hause fühlen. Darüber, dass alles wie am Schnürchen läuft, wacht Leo Luschtig, das Löwen-Maskottchen der 16 Orte.

Alle familienfreundlichen Orte beschreibt die Broschüre **Familienferien Baden-Württemberg**, kostenlos erhältlich beim

- **Prospektservice der
Tourismus-Marketing GmbH
Baden-Württemberg**
Tel. 0 18 05/55 66 90
www.tourismus-bw.de

Mit Ross und Kuh auf Du und Du

Tierbegeisterte Familien sollten auch einen Urlaub auf dem Bauernhof in Erwägung ziehen, bei dem nicht nur Kinder auf dem Feld und im Stall mithelfen können.

Infos dazu gibt es im zu bezahlenden Katalog **Urlaub auf dem Bauernhof** (Tel. 0 69/24 78 84 51, www. dlg-verlag.de), und im Gratiskatalog **Urlaub auf Ferienhöfen in Baden-Württemberg** (Tel. 07 61/27 13 36 00, www.urlaub-bauernhof.de.

Tier- und Familienparks

Die Schwarzwälder Parks locken wahrlich. Mehr als 50 Tiergehege und Streichelzoos gibt es. Das Freilichtmuseum **Vogtsbauernhof › S. 86** zählt zu den größten und bekanntesten Museen seiner Art in Deutschland.

Der **Schwarzwaldpark Löffingen,** östlich von Titisee-Neustadt, in dem sich u. a. Braunbären und Affen tummeln, steht bei Kindern ebenfalls hoch im Kurs – nicht zuletzt, weil hier auch viel Action für die Größeren geboten wird: darunter Sommerrodeln, eine Bob-Kart-Bahn und Floßfahrten.

Eine heiße Adresse für alle tierlieben Kinder und ihre Eltern ist der **Vogelpark Steinen › S. 144** im Wiesental, wo mehr als 300 Vogelarten

aus allen Kontinenten sowie Affen und Kängurus zu bestaunen sind.

- **Schwarzwaldpark Löffingen** [C7]
79843 Löffingen (ausgeschildert)
Tel. 0 76 54/80 85 60
www.schwarzwaldpark.de
Ostern–Sept. tgl. 10–18 Uhr,
sonst So 12–18 Uhr

Ein bisschen Disneyland

Ein Superlativ unter den Parks im Schwarzwald ist der **Europa-Park Rust › S. 100**, Deutschlands größter Freizeitpark: Europa en miniature – ein bisschen Disneyland, ein bisschen Spiel ohne Grenzen. Über 100 verlockende Angebote, von der gigantischen Wasserachterbahn über Wildwasserfahrten bis zu Zeitreisen in die griechische Antike kann man dort wahrnehmen. Und natürlich geht es quer durch Europa, vom Nordkap bis Andalusien – kleine Welten, gespickt mit entsprechenden Showeinlagen wie Ritterspielen oder Eisrevue.

Spaß im Wasser

Zu den besonders empfehlenswerten Erlebnisbädern gehört das **Laguna-Badeland** in Weil am Rhein › S. 145 mit großer Rutsche, Wellenbad, Wildwasserfluss und Saunapark.

Im Spaßbad **Aqua Fun › S. 122** in Schluchsee können sich die Kids im beheizten Freibad direkt am Seeufer austoben. Highlight: eine 105 m lange Wasserrutsche!

Das **Badeparadies Schwarzwald** › S. 120 in Titisee-Neustadt lockt mit 18 verschiedensten Rutschen und Wellenbad.

treut über 24 000 km Wanderwege, angefangen von einfachen Halbtagestouren bis hin zu mehrwöchigen Fernwanderstrecken ist alles dabei. Das gesamte Streckennetz ist einheitlich und sehr übersichtlich markiert und ausgeschildert.

Das Waldgebirge ist zugleich die deutsche Hochburg der Nordic Walker. In über 70 Ferienorten gibt es Nordic-Walking-Strecken, die meisten davon mit Pulsmessstation und Übungen zum Aufwärmen und Stretchen. Zertifizierte Trainer bieten Kurse an, Stöcke können ausgeliehen werden. Ausgewählte Nordic-Walking-Zentren werden im Internet unter den Stichwörtern Entdecken, Sportlich und dann Nordic Walking auf www.schwarz wald-tourismus.info vorgestellt.

Auf Radtour im Münstertal vorbei am Kloster St. Trudpert

Radfahren

Ein dichtes Radwegenetz mit Strecken aller Schwierigkeitsgrade, Verleih- und Reparaturstationen und ausgearbeitete Routen machen den Schwarzwald sowohl für Genusstouren als auch für Rennrad- und Mountainbike-Runden attraktiv. Zu den bekanntesten Fernradwegen gehören der **Radweg Naturpark Südschwarzwald** › **S. 115** und der auch für Familien geeignete, 115 km lange **Enztalradweg** (www.enztalrad weg.de). Infos zu verschiedenen Radrouten im Schwarzwald hält auch der ADFC bereit (www.adfc. de). Mountainbiker kommen in den Bikeparks in Bad Wildbad und Todtnau sowie in den Mountainbike-Arenen Wolftal und Hornisgrinde-Ortenau auf ihre Kosten.

Radlerfreundliche Unterkünfte können über www.bettundbike.de gebucht werden.

Weitere Sportarten

Für **Golfspieler** gibt es u. a. Plätze in Freudenstadt, Alpirsbach, Baden-Baden, Badenweiler, Bad Herrenalb, Bad Liebenzell, Lahr, Kandern, Kirchzarten, Munzingen und Pforzheim. Rund um Baden-Baden und Todtnau können **Kletterer** senkrecht an der Wand hoch steigen. **Segler, Surfer** und **Taucher** finden ihr Revier am Schluchsee oder Titisee. Zwar ist der Schwarzwald keine ausgesprochene Reitergegend, doch vielerorts existieren Reitställe und Ponyhöfe, wo man **Reitunterricht** nehmen oder an **Ausritten** teilnehmen kann.

Unterkunft

Der Schwarzwald ist eine gewachsene Ferienregion mit Unterkünften in allen Preisklassen, von der Familienpension bis zur Nobelherberge.

Etliche 5-Sterne-Hotels gehören zu den *Leading Hotels of the World*, so **Brenners Park-Hotel & Spa** in Baden-Baden › S. 54, das Hotel **Colombi** in Freiburg › S. 109 und der **Parkhotel Adler** in Hinterzarten › S. 118.

Preiswerte Unterkünfte

In praktisch jedem Ferienort stehen einfache **Pensionen** und komfortable **Mittelklassehotels** zur Wahl. Eine unabhängige Form des Urlaubs bieten **Ferienwohnungen**. Infos:

Prospektservice der Tourismus-Marketing GmbH Baden-Würtemberg
www.tourismus-bw.de, oder auch bei der **Schwarzwald Tourismus GmbH**
www.schwarzwald-tourismus.info

Junge Leute und Wanderer finden in 33 **Jugendherbergen** Unterkunft, in **Wanderhütten** (www.schwarz waldverein.de) oder in einem **Naturfreundenhaus**. Ideal für Familien sind **Ferien auf dem Bauernhof** › S. 27. Meist in landschaftlich besonders schöner Lage gibt es eine Vielzahl von **Campingplätzen**.

Deutsches Jugendherbergswerk, Landesverband Baden-Württemberg
• Fritz-Walter-Weg 19
70372 Stuttgart
www.jugendherberge-bw.de

Naturfreunde Baden
• Alte Weingartener Str. 37
76227 Karlsruhe | Tel. 07 21/40 50 96
www.naturfreunde-baden.de

Landesverband der Campingplatzunternehmer in Baden-Württemberg
• Heinrichshofweg 4
77784 Oberharmersbach
Tel. 0 77 73/93 75 19
www.camping-lcbw.de

Die reizvollsten Ferienhotels

• In Baiersbronn logiert im **Hotel Engel** auch Prominenz aus Sport und Showgeschäft. › S. 62
• Das **Hotel Schliffkopf** an der Schwarzwaldhochstraße überzeugt mit seinem Wellnessangebot. › S. 63
• Eine kleine Wellnessoase ist das **Kur- und Sporthotel Lauterbad** in Freudenstadt. › S. 64
• Schöne Aussichten bietet das denkmalgeschützte Hotel **Die Halde** auf dem Schauinsland. › S. 111
• Berge und See vor der Haustür gibt es im modernen **Seehotel Wiesler** in Titisee. › S. 120
• Im Münstertal kombiniert das **Romantikhotel Spielweg** stilvolles Wohnen mit gehobener Gastronomie. › S. 139

Flößerfest in Wolfach
im Kinzigtal

LAND &
LEUTE

Steckbrief

- **Fläche:** ca. 11 000 km²
- **Höchste Erhebungen:** Feldberg (1493 m), Herzogenhorn (1415 m), Belchen (1414 m), Schauinsland (1284 m), Kandel (1241 m)
- **Einwohner:** ca. 2,9 Mio.
- **Größte Städte:** Freiburg (220 000 Einw.), Pforzheim (118 000 Einw.), Villingen-Schwenningen (82 000 Einw.), Baden-Baden (54 000 Einw.)
- **Bevölkerungsdichte:** In Baden-Württemberg 297 Einw./km²;

auf den Schwarzwaldhöhen um 80 Einw./km²
- **Wirtschaftszweige:** Tourismus, feinmechanische und chemisch-pharmazeutische Industrie, Land- und Forstwirtschaft

Lage und Landschaft

Der Schwarzwald erstreckt sich von Südwest nach Nordost 160 km von Basel bis kurz vor Karlsruhe. Dort ist Deutschlands höchstes Mittelgebirge nur 30 km breit, während es sich im Süden bis zu 60 km ausdehnt. Die westliche Grenze zu Frankreich bildet der Oberrhein, im Süden trennt der Hochrhein die Landschaft von der Schweiz. Die fruchtbare Oberrheinebene teilt sich auf in die Ortenau im Norden, den Breisgau mit dem Kaiserstuhl und dem Tuniberg in der Mitte und das Markgräflerland im Süden. Was Geologen als tektonische Bruchzonen und Verwerfungen bezeichnen, begeistert die Besucher als eine abwechslungsreiche Berg- und Tallandschaft, die sich in drei Zonen aufteilt: Im nördlichen Schwarzwald erhebt sich aus der waldreichen Landschaft die Hornisgrinde mit 1164 m, der mittlere Teil ist am Kandel mit 1241 m am höchsten. Im Hochschwarzwald wechseln sich tiefe Täler mit hohen Gebirgskämmen ab. Die einsame Spitze bildet der Feldberg mit 1493 m.

Bevölkerung

Weder die Kelten noch ihre römischen Bezwinger wagten sich in den fast undurchdringlichen Schwarzwald vor. Auch die nachdrängenden Alemannen bauten ihren Dinkel lieber in den Randbezirken an. Erst die christlichen Herren der ersten Klöster wie Hirsau oder St. Blasien wagten es gegen Ende des ersten Jahrtausends, in den legendenumwobenen Forst vorzudringen. Langsam bevölkerte sich der Wald, Beschäftigung gab es in Glashütten und im Holzhandel.

Was sich geändert hat, das sind die Grenzen, die einst Baden und Württemberg trennten. Sie hielten die »Gelbfüßler« (katholische Badener) und die »Spätzleschwoba« (protestantische Württemberger) auseinander. Immer noch spricht man in Teilen des Nordschwarzwalds Schwäbisch, und der südliche Teil ist die badische Domäne.

Wirtschaft

Die kleinbetriebliche Landwirtschaft, oft in Kombination mit Forstwirtschaft, ist im Mittleren Schwarzwald für viele Bauern nur noch im Nebenerwerb rentabel. Über bessere Bedingungen verfügen die Landwirte in der Rheinebene bzw. den Schwarzwaldvorbergen, wo Wein, Obst, Spargel und viele andere Gemüsesorten gedeihen. Ein Exportschlager der Region ist Schwarzwälder Schinken, auch Kirschwasser und andere Obstbrände werden europaweit vertrieben.

Der in den zahlreichen Tälern bedeutende Erzbergbau kam ab Mitte des 20. Jhs. quasi zum Erliegen. Daneben spielte als Heimgewerbe der Uhrenbau lange eine bedeutende Rolle. Später kamen die feinmechanische Industrie und schließlich auch High-Tech-Unternehmen hinzu.

Der Tourismus ist mit leicht steigender Trend heute der wichtigste Wirtschaftsfaktor der Schwarzwaldregion. Jährlich werden rund 19 Mio. Übernachtungen und geschätzte 170 Mio. Tagesausflügler gezählt.

Wem der Kuckuck ruft

Die Entstehungsgeschichte der Kuckucksuhr liegt genauso im Dunkeln wie große Teile des Schwarzwalds. Sicher ist, dass die ersten Bauern und Tüftler schon im 17. Jh. mit dem Bau einfacher Uhren begannen. Franz Anton Ketterer, Drechslermeister aus Schönwald, soll 1738 den Prototyp einer Kuckucksuhr nach einem böhmischen Vorbild gebaut haben.

Im Lauf der Zeit etablierte sich die Uhrmacherei zum populären Wirtschaftszweig, der sich in mehrere Handwerkszweige wie Gestellmacher, Schildermacher, Zifferblättler und Gießer aufspaltete. Anfang des 19. Jhs. gab es im Schwarzwald 890 Uhrmacher und fast 600 Uhrenhändler.

Die Kuckucksuhr in ihrer heutigen Form erblickte 1850 in der Werkstatt des Architekten Friedrich Eisenlohr das Licht der Welt, der sein Uhrwerk mit einem Gehäuse in Form eines Bahnwärterhäuschens umgab. Unbekannte Bastler fügten ein von Schnitzwerk umgebenes Giebelfenster hinzu, das sich öffnete, um den rufenden Kuckuck herauszulassen.

Geschichte im Überblick

20 000–1200 v. Chr. Steinzeitmenschen in der Oberrheinebene; Bronzezeit: Kelten siedeln in den Vorbergen des Schwarzwalds.

ca. 100 v. Chr. Germanen (Sueben) verdrängen fast alle Kelten in die Schweiz. Der Rest geht im Germanenstamm auf.

58 v. Chr. Caesar besiegt die Germanen im heutigen Elsass.

74 n. Chr. Der Ausbau des Grenzwalls (Limes Germanicus) hält die östlichen Germanen vom römisch besetzten »Zehntland« zurück.

258 Über 100 000 Alemannen überwinden den Wall und dringen in den badischen Raum vor.

496 Frankenkönig Chlodwig I. verdrängt die Alemannen an den Oberrhein.

Kreuzgang im Kloster Maulbronn

Um 600 Irische Missionare verbreiten den christlichen Glauben. Das Kloster Säckingen wird gegründet.

Um 900 Im Schwarzwald entstehen Klöster wie in Gengenbach, Hirsau, Maulbronn und St. Trudpert

1091 Der Zähringer Bertold II. gründet die Stadt Freiburg.

1264 Der spätere König Rudolf von Habsburg nimmt einen Teil des Gebiets ein, das dadurch vorderösterreichisch wird.

1368 Freiburg unterstellt sich freiwillig österreichischem Schutz.

1456 Erzherzog Albrecht stiftet die Universität von Freiburg.

1524 Die Lehren Luthers veranlassen das Bauernvolk zum Aufstand gegen Adel und Klöster. Kaiserliche Truppen metzeln 1525 einen Großteil der Aufständischen nieder.

1618–1648 Dreißigjähriger Krieg. Durch den Westfälischen Frieden wird Breisach französisch, Freiburg Regierungssitz von Vorderösterreich.

1783 Markgraf Karl-Friedrich von Baden hebt die Leibeigenschaft auf.

1806 Der Großherzog von Baden tritt dem Rheinbund Napoleons bei. Baden ist nun französisch.

1818 Baden erhält eine relativ liberale Verfassung.

1848 Die Schwarzwälder Hecker und Struve rufen zur Badischen Revolution und Gründung einer Republik auf. Der Aufstand wird 1849 niedergeschlagen.

1871 Das Königreich Württemberg und das Großherzogtum Baden werden Mitglieder des Deutschen Reiches.
1918 Baden wird Freistaat.
1952 Württemberg-Baden, Baden und Württemberg-Hohenzollern schließen sich nach einer Volksabstimmung zum Bundesland Baden-Württemberg zusammen.
1975 Wyhl am Kaiserstuhl wird zur Hochburg des Widerstands gegen ein geplantes Atomkraftwerk.
2002 Freiburg wählt als erste deutsche Großstadt einen grünen Oberbürgermeister.

2009 In Baden-Baden tagt der Nato-Gipfel mit 28 Staatschefs aus aller Welt.
2010 Im Dezember eröffnet in Titisee mit dem Badeparadies Schwarzwald das größte Erlebnisbad der Ferienregion.
2014 Der Nationalpark Schwarzwald wird eröffnet. Er umfasst die Teilgebiete Ruhestein und Ochsenkopf mit insg. 100 km² geschützter Fläche.
2015 Der Schwarzwald verzeichnet einen neuen Gästerekord: 2014 wurden mehr als 7 Mio. Übernachtungsgäste gezählt.

Natur & Umwelt

Der Schwarzwald ist zu zwei Dritteln bewaldet – hauptsächlich mit Nadelhölzern, in deren Schutz Rehe, Hirsche, Wildschweine, Füchse und seit 1988 auch wieder Luchse leben.

In den schwerer zugänglichen Wäldern des Südschwarzwalds oder um den Feldberg finden auch seltene Wildtiere wie Gämse oder Auerhahn gute Lebensbedingungen. Eine besondere Form der Vegetation herrscht in den Hochmooren vor, wo sich Wollgras und Sonnentau wohlfühlen.

Nicht nur landschaftlich ragt der erloschene Vulkan Kaiserstuhl aus der Oberrheinebene heraus. Seine Trocken- und Magerwiesen sind Heimat seltener Orchideenarten wie des purpurnen Wiesenknabenkrauts und des nach Zitrone duftenden hellrosa Diptams. Bereits im März blüht die ebenfalls unter Naturschutz stehende hellblaue Küchenschelle. Auf den Lösswegen sind Smaragdeidechsen und die nur in Südwestdeutschland vorkommende Gottesanbeterin, eine seltene Fangheuschreckenart, zu Hause.

Neben bereits bestehenden zwei großen Naturparks (Schwarzwald Mitte/Nord und Südschwarzwald) wurde auf Initiative der grün-roten Landesregierung und entgegen teilweise vehementer Proteste der betroffenen Gemeinden der Nationalpark Schwarzwald auf den Weg gebracht und 2014 eröffnet. Eine der Kernzonen ist die Region Wildsee, die bereits seit 1911 als Bannwald ausgewiesen ist.

Kunst & Kultur

Architektur

Als einer der ältesten und historisch bedeutendsten Sakralbauten in Süddeutschland gilt die Klosterkirche St. Cyriak in Sulzburg (Ende 10. Jh.). Im Zeitalter der **Romanik** entstanden die Benediktinerabteien von Hirsau, Alpirsbach und Schwarzach bei Bühl, die Klosterkirche St. Gregor in Klosterreichenbach und die zum Zisterzienserkloster gehörende Kirche von Herrenalb. Im späten 12. Jh. kam die **gotische Baukunst** aus Frankreich und prägte etwa das zur Ruine verfallene Prämonstratenserkloster Allerheiligen, das Freiburger und Villinger Münster sowie das Kloster Lichtental. Die spätgotische Schnitzkunst brachte v. a. ein Meister mit den Initialen H. L. zur Geltung, der nach 1520 den Hochaltar des Münsters in Breisach schuf.

Während in der Renaissance vorwiegend Patrizierhäuser und Befestigungsanlagen entstanden, erlebte der Schwarzwälder Kirchenbau im Barock und Rokoko eine Blütezeit, etwa durch den Vorarlberger Baumeister Peter Thumb (1681–1766). Im 19. Jh. strahlte der Einfluss der Karlsruher Bauschule auf den Schwarzwald aus.

An **moderner Architektur** ist an erster Stelle der Vitra-Campus in Weil am Rhein zu nennen, in dem u. a. Bauten von Frank O. Gehry, Zaha Hadid und Herzog & de Meuron bewundert werden können.

Malerei

Aus der südwestdeutschen Malerei nicht wegzudenken sind die Werke von **Martin Schongauer** (um 1450–1491). Er wurde im Elsass geboren und verbrachte seine letzten Lebensjahre in Breisach, wo im Münster seine berühmte Darstellung des Weltgerichts zu sehen ist. Von ihm beeinflusst war **Hans Baldung,** genannt Grien, der um 1515 mit dem Freiburger Hochaltar sein Meisterwerk schuf.

Im 19. Jh. gehörten der Porträtist **Franz Xaver Winterhalter** (1805–1873) aus Menzenschwand und der Landschaftsmaler **Hans Thoma** (1839–1924) aus Bernau zu den bekanntesten Künstlern der Region. Der in Donaueschingen gebürtige Maler und Bildhauer **Anselm Kiefer** (1945) gehört zu den bedeutendsten deutschen Künstlern der Gegenwart. 2008 erhielt er den Friedenspreis des Deutschen Buchhandels.

Literatur

Musketier im Dreißigjährigen Krieg, Regimentsschreiber, Gutsverwalter, Gastwirt und Schultheiß: **Johann Jacob Christoffel von Grimmelshausen** (um 1621–1676) führte nicht nur in den letzten Jahren im Renchtal ein bewegtes Leben, das er in sein Hauptwerk »Der abentheurliche Simplicissimus Teutsch« einbrachte, den bedeutendsten Roman deutscher Sprache im

Typisch Gehry: das Vitra Design Museum in Weil am Rhein

17. Jh. Alemannisch geprägt war der aus Hausen (Wiesental) stammende **Johann Peter Hebel** (1760–1826), der sich in seinen meist in Mundart verfassten Geschichten vornehmlich mit seiner Heimat beschäftigte. Heimatbezogen sind auch die Werke von **Joseph Victor von Scheffel** (1826–1886). Mit »Ekkehard« schrieb er im späten 19. Jh. einen Bestseller. **Hermann Hesse** (1877–1962) wurde v. a. durch Werke wie »Der Steppenwolf« und »Das Glasperlenspiel« bekannt (1946 Literaturnobelpreis).

Brauchtum

Für den Schwarzwald wird gerne mit jungen Damen unterm Bollenhut geworben, auch wenn die traditionellen Trachten nur noch zu Trachtenfesten oder hohen Kirchenfeiertagen aus der Truhe geholt werden und der berühmte **Bollenhut** nur in wenigen Dörfern getragen wird. Elf rote Wollrosen schmücken den Strohhut der Mädchen, bei verheirateten Frauen sind die Rosen schwarz. Früher gehörte zum Häs (dem Gewand) der Männer der gleiche Kopfschmuck. In einigen Gemeinden schmücken sich Mädchen und Frauen zur Fronleichnamsprozession mit einer glitzernden Krone aus Glaskugeln, Perlen, Spiegeln und Blumen – dem so genannten Schäppel.

Zum Brauchtum gehört auch die **Fasnet** mit Zottel- und Flecklehäs und oft furchteinflößenden Masken. Wer die in Rottweil, Schramberg oder Wolfach besonders ursprüngliche Fasnet verpasst, kann am Wochenende darauf bei der Bauernfasnet mancher Orte beim Schibeschloge mitmachen. Dabei werden glühende Holzscheiben zum Schutz gegen böse Geister die Berghöhen hinunter geschlagen.

Feste & Veranstaltungen

Die Schwarzwälder verstehen es, munter zu feiern. Neben religiösem Brauchtum mit Prozessionen und Wallfahrten ziehen vor allem große Sportveranstaltungen, Seenachtsfeste und Musikfestivals viele Zuschauer und Gäste an.

Dazu gibt es in so gut wie jeder Ortschaft kleine »Festle«. Besonders viel los ist in den Weinregionen, wo zur Zeit der Weinlese kaum ein Wochenende ohne ein Weinfest vergeht. Das Folgende kann lediglich eine kleine Auswahl sein.

Festkalender

Januar/Februar: Hundeschlittenrennen in Todtmoos und Bernau. **Schwarzwaldpokal** der Nordischen Kombinierer in Schonach. **Fasching**: Am »schmutzigen Donnerstag« finden die Hemdglunkerumzüge statt, u. a. in Emmendingen, Endingen, Burkheim, Breisach, Triberg und Lörrach. Im Hochschwarzwald sind die Narren am Fasnachtssonntag aktiv. Rosenmontagshochburgen sind Wolfach, Rottweil, Schramberg, Elzach und Freiburg.

Sport, Geld und Prominenz treffen sich zur Rennwoche in Iffezheim

April: Frühjahrsmesse in Offenburg. **Mai: Schwarzwald Musikfestival** an mehr als 10 über den ganzen Schwarzwald verteilten Spielorten (www.schwarzwald-musikfestival.de). **Badische Weinmesse** in Offenburg. **Weinfeste** in Vogtsburg und Freiburg-St. Georgen, Oberrotweil, Bickensohl, Ihringen. **Lichterfest** in Bad Liebenzell. **Internationales Straßentheaterfestival** in Rastatt (alle zwei Jahre, nächstes 2016). **Floßhafenfest** in Wolfach. **Juni: Fronleichnamsprozession** in Schwarzwälder Tracht in St. Peter, Bad Peterstal, Haslach. **Weinfeste** in Freiburg, Ihringen, Steinbach und Varnhalt bei Baden-Baden. **Kreuzgangkonzerte** im Kloster Alpirsbach. **Juli: Hornberger Schießen** in Hornberg. **Zelt-Musik-Festival** in Freiburg. **Weinfest** in Staufen. **Straßentheaterfestival** in Pforzheim. **Opernfestival Rossini** in Bad Wildbad. International besetztes **Stimmen-Festival** in Lörrach mit Chören und Folkmusik. **Rottweiler Klassikfestival.** **August: Weinfeste** in Emmendingen, Breisach, Ebringen, Bühl-Eisenbach. **Laurentiusfest** in Feldberg-Altglashütten. **Große Rennwoche** auf der Galopprennbahn in Iffezheim. **Waldshuter Chilbi. Calwer Klostersommer** auf der Freilichtbühne in Hirsau. **Sommerskispringen** der Weltelite in Hinterzarten. **Seenachtsfeste** in Titisee und Schluchsee.

September: Oechslefest in Pforzheim. **Zwetschgenfest** in Bühl. **Weinfeste** in Vogtsburg-Oberrotweil, Bischoffingen, Bahlingen, Burkheim, Oberkirch, Bühlertal, Offenburg.

Internationales **Reitturnier** in Donaueschingen. Renommiertes **Jazzfestival** in Villingen. **Oldtimer-Rallye** Baiersbronn Classic in Baiersbronn.

Oktober: Weinfest in Achkarren und Oberbergen. **Musiktage** in Donaueschingen.

Dezember: Martinimarkt in Gengenbach. **Weihnachtsmärkte** u. a. in Freiburg, Gengenbach und auf Deutschlands größtem Marktplatz in Freudenstadt.

Essen & Trinken

»Wer guet esse und trinke cha, cha Kummer und Sorge mit Anstand entbehre.«

Der kurze und prägnante Spruch an der Wand einer Freiburger Kneipe trifft ziemlich genau die Einstellung der Schwarzwälder zum Zusammenspiel von Leib und Seele. Was an Gaumenfreuden aufgetischt wird, reicht von kräftiger Vesper in einfachen Landgasthöfen bis zu kulinarischen Meisterwerken in Top-Restaurants.

Der französische Einfluss und die Nähe der Schweiz haben verfeinernd auf die ursprünglich eher deftige Kost der Schwarzwälder gewirkt. So gehört ein Schuss Sahne in das Schneckensüppchen, die Rahmsoße zum Schnitzel wird mit Wein abgerundet, und der Saibling schwimmt in Champagnersoße.

Traditionelles

Bodenständige Gerichte sind *Schäufele* (geräucherte Schweineschulter) mit Kartoffelsalat, der im Südwesten ohne Mayonnaise auskommt, *Leberle* sauer oder geröstet mit knusprigen *Brägele* (Bratkartoffeln), *Nierle* oder *Sulz* (keine Sülze, sondern Kutteln). Auch Kombinationen wie Wurstsalat mit Zwiebeln und Brägele sind eine deftige Delikatesse.

In lauschigen Gartenwirtschaften und bäuerlichen Vesperstuben tischt man Bauernbrot mit Blut- und Leberwurst, Schwarzwälder Schinken und Speck oder *Bibbeleskäs* (Quark) auf. Zu den einfachen Einkehrmöglichkeiten gehören auch die sogenannten Straußen- oder Besenwirtschaften. In den beliebten kleinen Lokalen gibt es zum Wein einfache regionale Gerichte › S. 143.

! Erst-klassig

Landgasthöfe mit badischen Spezialitäten

- Schon lange zählt der **Zum Alde Gott** im Winzerort Neuweier zu den Spitzenrestaurants im Umland von Baden-Baden. › S. 54
- An der Schwarzwaldhochstraße auf 935 m Höhe wird in der neuen, doch rustikalen **Kniebis-Hütte** ein preiswerter Mittagstisch oder eine Vesper serviert. › S. 66
- Das **Zum weyßen Rößle** in Schiltach bietet feine Kinzigtäler Spezialitäten in historischer Gaststube. Unbedingt probieren sollten Sie das dunkle Landbier im Steinkrug. › S. 90
- In der Gaststube des **Falken** in Schönwald sitzt es sich fast wie in einem Heimatmuseum. Die Küche gibt sich betont bodenständig. › S. 92
- Raffinierte Kräuterküche wird in der **Esche** in Hinterzarten geboten. Spezialitäten: Wildkräutersalat mit Feigensenfsoße, Kräuterflädele und Kräuterbratwurst. › S. 119
- Herrliche Landfrauenküche offeriert das **Café Goldene Krone** in St. Märgen: Holzofenbrot, Käsemichel und die beste Schwarzwälder Kirschtorte weit und breit. › S. 121
- In dem alten Schwarzwaldhaus vom **Mattenhof** in Todtmoos wird deftige Landküche aufgetischt, auch Teilnahme an einem Speckseminar möglich. › S. 130

Fischliebhaber freuen sich über frische Schwarzwaldforellen, die oft aus der hauseigenen Aufzucht stammen.

Gaumenfreuden spendet im Frühjahr der Spargel, der bis zum Johannistag (24. Juni) im Markgräflerland und am Kaiserstuhl gestochen wird. Klassisch serviert wird er mit zerlassener Butter, Schinken und Kratzete, einer Art zerrupfter Pfannkuchen.

»Spargel tot, Kirschen rot« – im Juli bricht die Zeit der Kirschen an, der wichtigsten Zutat für die Schwarzwälder Kirschtorte (neben Kirschwasser und Schlagsahne) und die saftigen *Kirschplotzer* (Kirschkuchen).

Zu den Köstlichkeiten im Herbst gehören Wild- und Pilzgerichte – oft mit Spätzle –, »alles von der Sau« auf üppig garnierten Schlachtplatten sowie Zwiebelkuchen mit neuem Wein. Bis zum Frühjahr wird Feldsalat gepflückt und als *Sunnewirbele* mit Speckwürfelchen, kräftiger Salatsoße und Kracherle, kleinen Brotcroutons, serviert.

»Schmeck den Schwarzwald« und »Schmeck den Süden«, so heißen die Mottos der im Verbund Naturparkwirte vereinten Gasthöfe. Hier stehen regionale Spezialitäten auf der Speisekarte. Das Besondere daran: Für mindestens ein Hauptgericht müssen die Zutaten ausschließlich aus einem der beiden Schwarzwälder Naturparks kommen (Informationen und Adressen findet man unter www.schmeckden-sueden.de und www.naturpark schwarzwald.de).

Wein und Hochprozentiges

»Sürpfle muescht, net saufe …« – so lautet ein gut gemeinter badischer Rat-schlag: Man soll also mit Anstand trinken, nicht saufen. Manche Winzer wünschen sich vielleicht, dies möge der Gast nicht allzu wörtlich nehmen. Immerhin stehen in Baden auf ca. 12 000 ha Reben, deren Erträge konsumiert sein wollen. Im Norden ist die Ortenau für ihren exzellenten Riesling oder Klingelberger bekannt, den »König der Weine«. Rotweinfreunde schätzen die edlen Spätburgunder. Die größte Rebfläche hat der Kaiserstuhl, dessen Müller-Thurgau (Riesling plus Silvaner) kurz als Müller »trocken« oder »nass« bestellt wird. Hier findet man auch den leichten Silvaner, den alkoholreichen Ruländer bzw. Grauen Burgunder, den lieblichen Weißburgunder und den Spätburgunder Weißherbst, der seine Roséfarbe von den blauen Trauben des Spätburgunders erhält und wie ein Weißwein gekeltert wird. Im Markgräflerland werden der trockene Gutedel und der Nobling (eine Silvaner-Gutedel-Kreuzung) angeboten.

Weltweit bekannt sind die lokalen Obstbrände; vom Schwarzwald müssen die Kirschen stammen, die als mindestens 40-prozentiges Schwarzwälder Kirschwasser eine Mahlzeit beschließen. Andere Lebenselixiere werden aus Himbeeren, Mirabellen, Zwetschgen oder Birnen gebrannt.

Shopping

Als Souvenirs sind kulinarische Genüsse beliebt: geräucherter Speck und Schwarzwälder Schinken, dazu Kirschwasser, Himbeergeist, badischer Wein und Tannenhonig.

Premiumprodukte sind mit dem Herkunftszertifikat »Echt Schwarz-wald« ausgezeichnet. Wenn auch die große Zeit der Schwarzwälder Uhrenmanufaktur längst Geschichte ist, werden in kleinerem Rahmen Uhren aller Art hergestellt, natürlich auch Kuckucksuhren. **50 Dinge** ㊷ › S. 16. An Kunsthandwerk seien neben Holzschnitzereien auch mundgeblasene Glaswaren erwähnt. Zu Berühmtheit brachte es Keramik mit dem Hahn-und-Henne-Dekor, die man am besten in Zell am Harmersbach einkauft.

Zeller Keramik in Hahn-und-Henne-Dekor

Aus dem Winzerort Kappel-
rodeck kommen einige der
besten deutschen Weine

TOP-TOUREN & SEHENS-WERTES

DER NORD-SCHWARZWALD

Kleine Inspiration

- **Die Spezialitäten des Spitzenrestaurants Alde Gott** bei Baden-Baden genießen › S. 54
- **Sich im Kur- und Sporthotel Lauterbach** in Freudenstadt verwöhnen lassen › S. 64
- **In Freudenstadt** über den größten Marktplatz Deutschlands schlendern › S. 64
- **Die herrlichen Fachwerkbauten** am Marktplatz von Calw bestaunen › S. 70
- **Eine Wanderung** durch die romantische Felsenschlucht der Gaishölle unternehmen › S. 73

Freiburg

Kurorte wie Baden-Baden, Bad Herrenalb und Bad Wildbad laden zu Entspannung ein. Wanderfreunde finden schöne Wege, Feinschmecker kommen auf der Badischen Weinstraße oder im Murgtal auf ihre Kosten.

Wenn man so will, ist der Norden des Waldgebirges die Wiege der Schwarzwälder Bäderkultur. Schon die Römer nutzten vor fast 2000 Jahren das heilsame Thermalwasser von Baden-Baden. Die mondäne Bäderstadt ist mit Kunstsammlungen, dem renommierten Festspielhaus und dem Spielkasino zugleich die Kulturhauptstadt der Region. Bad Wildbad und Bad Herrenalb sind weitere namhafte Kurbäder mit Tradition. Im familienfreundlichen Baiersbronn können Wanderer auf Himmelswegen Natur erleben. Das reizvolle Tal der Murg zieht mit seiner Sternegastronomie Gourmets aus ganz Europa an.

Im Kurort Freudenstadt lohnt die Besichtigung der Stadtkirche, eine der seltenen Winkelkirchen. Pforzheim hat sich als Gold- und Schmuckstadt einen Namen gemacht. Wer auf den Spuren des Nobelpreisträgers Hermann Hesse wandeln will, ist im Fachwerkstädtchen Calw an der Nagold richtig.

Die Bade- und Erholungsorte liegen in reizvolle Täler eingebettet, über die sich bewaldete Höhen und stille Hochmoore erheben. Verfallene Burgen und altehrwürdige Klosteranlagen wie Hirsau und Allerheiligen erzählen von der Geschichte der Region. Die kulturhistorische Attraktion schlechthin ist die am besten erhaltene mittelalterliche

Klosteranlage Maulbronn im benachbarten Kraichgau (UNESCO-Welterbe).

Zum Rasen viel zu schade ist die bekannteste Panoramastraße des Gebirges: die 55 km lange Schwarzwaldhochstraße von Baden-Baden nach Freudenstadt. Mit der durch die Ortenau führenden Badischen Weinstraße kann die Region mit einer weiteren schönen Ferienstraße aufwarten.

Oben: Fachwerkhaus in Sasbachwalden
Links: Traumhafter Blick über den Mummelsee an der Schwarzwaldhochstraße

Touren in der Region

 ## Auf der Schwarzwald-hochstraße

Route: Baden-Baden › Mummel-see › Kniebis › Freudenstadt

Karte: Seite 48
Länge: Fahrstrecke 60 km
Dauer: 1 Tag
Praktische Hinweise:
- An schönen Wochenenden wird man auf der Schwarzwälder Panoramastraße an mit Sicherheit grenzender Wahrscheinlichkeit nicht alleine unterwegs sein. Wer kann, weicht am besten auf einen Tag unter der Woche aus.
- Für die kleinen Wanderungen zur Hornisgrinde oder auf dem Lotharpfad empfehlen sich Wanderschuhe.

Tour-Start:

Die berühmte Ferienstraße gewinnt von der mondänen Bäderstadt **Baden-Baden** 1 › S. 51 aus schnell an Höhe, passiert das berühmte Schlosshotel Bühlerhöhe (Neueröffnung geplant) und erreicht am beliebten **Mummelsee** 14 › S. 66 erstmals die 1000-m-Marke. Der eiszeitliche Karsee kann auf einem Wanderweg in weniger als einer halben Stunde umrundet werden, für den gut markierten Anstieg zum Aussichtsturm auf der 1164 m hohen **Hornisgrinde** › S. 66 müssen Sie hin und zurück eine gute Stunde einplanen.

An der Passhöhe **Ruhestein** auf 913 m Höhe informiert das Nationalparkzentrum über den Nationalpark Schwarzwald und bietet diverse Exkursionen an (Tel. 0 74 49/ 9 10-20).

Vom Pass bietet sich ein Abstecher zur **Klosterruine Allerheiligen** 15 › S. 67 und zu den gleichnamigen Wasserfällen an.

Auf dem **Lotharpfad** › S. 62 südlich vom Hotel Schliffkopf kann man die Sturmwurffläche des Orkans Lothar überblicken.

Weitere Wandermöglichkeiten an der Höhenstraße offeriert der Ort **Kniebis** 13 › S. 66 (935 m), die Kniebis-Hütte bietet die rustikalste Einkehrmöglichkeit an der Strecke. Vom Kniebis senkt sich die Höhenstraße hinab nach **Freudenstadt** 12 › S. 64, wo ein Bummel durch die Laubengänge rund um den größten Marktplatz Deutschlands die Tour beschließt.

 ## Wandern auf dem Seensteig

Route: Baiersbronn › Mitteltal › Schliffkopf › Mummelsee › Hornisgrinde › Schönmünzach › Baiersbronn

Karte: Seite 48
Länge: Wanderstrecke 84 km

Von der Aussichtsplattform am Schliffkopf reicht der Blick an klaren Tagen bis hinüber zu den Vogesen

Dauer: 5 Tage, Gehzeiten Tagesetappen 3–5 ½ Std.
Praktische Hinweise:
- An jedem der fünf Etappenorte gibt es Übernachtungsmöglichkeiten.
- Da jedes Tagesziel an das öffentliche Verkehrsnetz angeschlossen ist, können alle Etappen auch von Baiersbronn begonnen und dort wieder beendet werden.
- Der Transport ist für Inhaber einer Baiersbronner Gästekarte kostenlos.
- Über Verkehrsverbindungen und Kartenmaterial informiert das Wander-Informationszentrum am Bahnhof Baiersbronn.
Tel. 0 74 42/84 14 66
www.baiersbronn.de
- Zur Ausrüstung sollte neben Wanderschuhen auch ein Regenschutz gehören, für die teils beachtlichen An- und Abstiege empfehlen sich Wanderstöcke.

Tour-Start:

Der von dem Deutschen Wanderverband als Qualitätsweg ausgezeichnete Seensteig (ca. 90 km Länge, 5 Etappen) macht mit den landschaftlichen Schönheiten rund um **Baiersbronn** 10 › **S. 62** bekannt, darunter sieben Karseen. Der Rundwanderweg beginnt am Bahnhof Baiersbronn und führt zunächst durch das Sankenbachtal mit den gleichnamigen Wasserfällen über den Ellbachsee nach Mitteltal. Von dort wird über den Buhlbachsee zum **Schliffkopf** (1055 m) aufgestiegen. Von der Aussichtsplattform kann man bei klarem Wetter zu den Vogesen hinüber schauen.

Auf der dritten Etappe ist der Wildseeblick einer der Höhepunkte, beliebte Einkehrmöglichkeiten auf dem Weg zum **Mummelsee** 5 › **S. 66** sind Seibelseckle und die Darmstädter Hütte.

Oberhalb des vielbesuchten Mummelsees markiert die **Hornis-**

0   10 km

N

Riedseltz
Scheithal
Salmbach
Seebach
Lauterbourg
Au
Durmers-heim
Niederbronn-les-Bains
Dieffenbach
Soulz-sous-Forets
Mothern
Ober-lauterbach
Bietigheim
Otigheim
Gundershoffen
Surbourg
Croettwiller
Hatten
Selz
Plittersdorf
Durrenbach
Betschdorf
Forstfeld
Rastatt
Mertzwiller
Eschbach
Bein-heim
Iffezheim
Kuppen-heim

Haguenau
Soufflen-heim
Sessenheim
Hügelsheim
Favorite

1 **3**

Uberach
Schweighouse
Nieder-schaeffolsheim
Drusen-heim
Greffern
Schwarzach
Sinzheim
Varnhalt
Baden-Baden

Bischwiller

FRANKREICH
Brumath
Herrlisheim
Weyersheim
Lichtenau
Eisental
Steinbach
Yburg
Neuweier

1

Hoerdt
Gambsheim
la Wantzenau
Rheinau
Bühl
Kappelwindeck
Bühler-tal
23
24

Mundolsheim
Hurst
Lauf
Herrenwies
1054
Hoher Ochsenk.

3

500

Oberhaus-bergen
Sasbach
Sasbach-walden
Hornisgrinde
1164
Mummelsee

Schiltigh.
Zierolshofen
Achern
Brigitten-schloss
25
26
14

Strasbourg
Kappelrodeck
Waldulm
Otten-höfen
Seebach
Wild-see
27
2

Kehl
Urloffen
Passhöhe Ruhestein
Schliffkopf
1055
Allerheiligen

Willstätt
Appenweier
15
Buhl-bach

Geispols-heim
Ilkirch-Grafenstaden
Goldscheuer
Oberkirch
28
2

Hindisheim
Altenheim
Durbach
Plobsheim
Schutterwald
Ichenheim
Offenburg
Moosk.
875
Oppenau-Griesbach

Erstein
Hofweier
Gengenbach
Bad Peterstal-

Nonnenweier
Friesenheim
Oberharmersbach
-Schapbach

Rhinau
Burgheim
Biberach
Zell
932
Brandenkopf
Wolfach

Diebols-heim
Lahr
Seelbach
Steinach
Hausach

National-park
Kappel-Grafenhsn.
Kippenheim
Schutter-tal
Wittelbach

Europa-Park
Rust
Ettenheim
Ettenheim-münster
Dörlinbach
Haslach
Hofstetten
Gutach

Ringsheim
Freilichtmuseum
Vogtsbauernhof

Touren im Nordschwarzwald

Tour ❶

**Auf der Schwarzwald-
hochstraße**

Baden-Baden › Mummelsee ›
Kniebis › Freudenstadt

Tour ❷

Wandern auf dem Seensteig

Baiersbronn › Mitteltal ›
Schliffkopf › Mummelsee ›
Hornisgrinde › Schönmünzach ›
Baiersbronn

Tour ❸

Obere Badische Weinstraße

Baden-Baden › Bühl › Sasbach
› Sasbachwalden › Kappel-
rodeck › Oberkirch

grinde (1164 m) › S. 66 den höchsten Punkt der Route. Der Abstieg nach Schönmünzach berührt mit dem Blindsee und Schurmsee zwei weitere Karseen.

Auf der letzten Etappe kommt man schließlich zu See Nummer sieben, dem **Huzenbacher See** (747 m) › S. 62, der sich während der Teichrosenblüte im Sommer von seiner schönsten Seite zeigt.

Obere Badische Weinstraße

Route: **Baden-Baden › Bühl › Sasbach › Sasbachwalden › Kappelrodeck › Oberkirch**

Karte: Seite 48
Länge: Fahrstrecke 39 km

Bau der Sammlung Frieder Burda

Dauer: 2 Tage
Praktische Hinweise:

- Von der Badischen Weinstraße, die von Laudenbach an der baden-württembergischen Grenze zu Hessen aus bis zur Schweizer Grenze verläuft, wird hier der obere Teil durch die Ortenau bis zum Renchtal vorgestellt.
- Die Autotour lässt sich von dort nach Belieben um die Weingebiete im Kaiserstuhl und dem Markgräflerland erweitern.
- Für die vorgeschlagenen Wanderungen ist solides Schuhwerk erforderlich.

Tour-Start:

Die in die Kur- und Kulturstadt **Baden-Baden 1** › S. 51 eingemeindeten Winzerorte Neuweier, Varnhalt und Steinbach können mit einer Besonderheit aufwarten: Alle drei Orte haben seit dem 18. Jh. das verbriefte Recht, ihren Wein in Bocksbeutel-Flaschen abzufüllen, die ansonsten nur für Frankenweine üblich sind. Erste Station nach der Bädermetropole ist **Bühl 23** › S. 72, das vor allem die Bühler Zwetschgen überregional bekannt machten. Wanderer machen sich hier vielleicht auf den Weg zu den **Gertelbach-Wasserfällen** › S. 72.

Über Sasbach erreicht man den Ferienort **Sasbachwalden 25** › S. 72 mit seinen schmucken Fachwerkhäusern. Vor dem Abendessen bieten sich als Ausflug Wanderungen in die **Gaishölle** › S. 73 und zum **Brigittenschloss** an. Für Wein- und

Sektkenner ist die Winzergenossenschaft Alde Gott eine wunderbare
Anlaufstelle.

Der zweite Tag gehört **Kappelrodeck** 26 › S. 73, das mit die besten
deutschen Spätburgunder hervor-
bringt. Eine der beiden Winzergenossenschaften des Rotweindorfes
liegt im Ortsteil Waldulm, der unter Weinkennern einen besonders
klangvollen Namen hat. **Oberkirch**
28 › S. 75 am Eingang des Renchta-
les ist vor allem für seine Obstbrände bekannt.

Unterwegs in der Region

Zwischen Rhein und Neckar

Baden-Baden 1 ⭐ [C2]

Ein Weltbad mit 54 000 Einwohnern – das ist Baden-Baden. Bereits
im 1. Jh. nutzten die Römer die
heißen Quellen. Im 19. Jh. zog die
Stadt viel Prominenz an: Otto von
Bismarck, Frédéric Chopin, Johan-
nes Brahms, Mark Twain, Richard
Wagner, Victor Hugo, Königin Victoria und Kaiser Wilhelm I., sie alle
waren da und begründeten den
mondänen Ruf der Bädermetropole
an der Oos. Heute gibt es für die
Reichen verschwiegene Privatsana-
torien und Luxushotels. Mondänes
Flair erhält Baden-Baden durch die
Rennbahn im nahen Iffezheim, das
neue Festspielhaus und die Spielbank, Schauplatz von Dostojewskis
Roman »Der Spieler«.

Augustaplatz und Kurgarten

Vom **Augustaplatz** führt ein Weg
über den Fluss Oos hinweg zur
Lichtentaler Allee, die ab 1850 zu
einer reizvollen Gartenlandschaft
erweitert wurde und sich im Osten
bis zum **Lichtentaler Kloster** › S. 53
hinzieht.

Auf der Prachtpromenade hinter
der Büste von Kaiserin Augusta
präsentiert die **Staatliche Kunsthalle**
in einem Jugendstilgebäude Wech-
selausstellungen überwiegend der
Moderne (www.kunsthalle-baden-
baden.de, Tel. 0 72 21/3 00 76-400).
Allein das extravagante Museumscafé lohnt den Besuch. In der Nach-
barschaft zeigt die **Sammlung Frieder Burda** in einem postmodernen
Gebäude des New Yorker Stararchitekten Richard Meier Werke des
Expressionismus und der klassi-
schen Moderne (Di–So 10–18 Uhr,
www.museum-frieder-burda.de).

Daneben hat eines der schönsten
deutschen **Theater** seinen Platz, es
wurde 1860–1862 im Stil der Pariser
Oper errichtet. Unweit davon widmet sich das **Stadtmuseum** auf zwei
Etagen der Geschichte von Baden-
Baden.

Kurhaus

Nur einen Steinwurf entfernt
schlägt im Kurgarten das Herz Baden-Badens. »Gerne würde ich
mehr von diesem herrlichen Park

sehen«, mit diesen Worten wird Barack Obama zitiert, der anlässlich des Nato-Gipfeltreffens 2009 einen Blick in den berühmtesten Kurpark Deutschlands werfen konnte. Das Kurhaus wurde 1821–1824 von dem klassizistischen Städtebauer Friedrich Weinbrenner geschaffen, allerdings erfuhr es danach mehrere Umbauten. Der linke Gebäudekomplex beherbergt ein Restaurant (€€, Tel. 0 72 21/90 70, www.kurhausrestaurant.de), den schönen Mittelteil stützen acht korinthische Säulen mit einer Wandelhalle. Über schlechtes Wetter trösten Kurkonzerte im Weinbrenner-Saal hinweg.

Außen eher unscheinbar, entfaltet im Inneren des rechten Kurhausflügels das **Spielkasino** große Pracht. 1838 ließ Jacques Bénazet den Weinbrenner-Saal als Spielbank aufpolieren. Sein Sohn Edouard setzte dem Ganzen die Krone auf, indem er 1853 im rechten Flügel das Kasino im Stil französischer Königsschlösser ausstatten ließ (Führungen tgl. 10–12 Uhr). Wer sein Glück versuchen will, sollte sich in Schale werfen (Roulette, Black Jack und Poker tgl. ab 14 Uhr, www.casino-baden-baden.de).

Die **Trinkhalle** (1839–1842) im Kurpark mit ihrer 90 m langen Wandelhalle, korinthischen Säulen und 14 farbigen Fresken beherbergt die Gästeinformation und einen Ticketschalter.

Hinauf zum Neuen Schloss

In der Fußgängerzone führt die Hirschstraße steil bergauf zum Marktplatz mit Rathaus und **Stifts-kirche.** 1689 wurde der Bau größtenteils zerstört, und danach barock und neugotisch wiederaufgebaut. Sehenswert sind die Grabdenkmäler, unter denen das des Türkenlouis genannten Markgrafen Ludwig Wilhelm auffällt, das Sakramentshäuschen (ca. 1490) sowie das 5,60 m hohe Kruzifix (1467) von Nicolaus Gerhaert von Leyden.

Über steile Treppen geht es hinauf zum **Neuen Schloss** (nicht zu besichtigen). Die ehemalige Unterburg am Florentinerberg (1370) diente von 1479 bis zur Zerstörung 1689 als Hausschloss der Markgrafen von Baden und war nach der Restaurierung von 1804–1918 deren Sommerresidenz. Heute gehört es einer kuwaitischen Investorengruppe, die daraus eine luxuriöse Hotelanlage machen will. Von den Südterrassen bietet sich ein schöner Blick auf die Umgebung.

Bäder und Kultur

Das **Friedrichsbad** grenzt an das Gebiet, auf dem ab 1868 der Thermalstollen gebaut wurde. Zu den Wellness-Highlights gehört das 17-Punkte-Programm im Römisch-Irischen Bad, z. B. eine Seifenbürstenmassage (Römerplatz 1, www.carasana.de, tgl. 9–22 Uhr).

50 Dinge ㊱ › S. 16.

Neben der Klosterkirche vom Heiligen Grab bietet die **Caracalla-Therme** auf 3000 m² alles, was man von einer modernen Bade- und Saunalandschaft erwartet – Wellness natürlich auch (Römerplatz 1, www.carasana.de, tgl. 8–22 Uhr). Die **Römischen Badruinen** geben nach aufwendiger Renovierung einen Einblick in die antike Badekultur (Mitte März–Mitte Nov. 11–12, 15–16 Uhr).

Internationale Künstler von Weltrang gastieren im neuen **Festspielhaus** am alten Bahnhof, dem zweitgrößten Opern- und Konzerthaus Europas. Auf einer 75-minütigen Führung lässt sich zudem ein Blick hinter die Kulissen werfen (Informationen und Reservierung: www.festspielhaus.de, Tel. 0 72 21/ 3 01 31 01).

Kloster Lichtental und Brahms-Museum

Am Ufer der Oos kann man auf der berühmten Lichtentaler Allee zum **Kloster Lichtental** flanieren, das seit 1245 von Zisterzienserinnen geführt wird. Der Klosterhof und die Abteikirche (18./19. Jh.) sind frei zugänglich, die gotische Fürstenkapelle mit dem Grab der badischen Markgrafen und ein Museum stehen im Rahmen einer Führung offen (www.abtei-lichtenthal.de, Mi, Sa und So um 15 Uhr).

Brahms-Fans zieht es im Stadtteil Lichtental zum **Brahms-Museum** in das Haus, das dem Komponisten 1865–74 als Sommerfrische diente (Maximilianstr. 85, www.brahmsbaden-baden.de, Mo, Mi, Fr 15–17, So 10–13 Uhr).

Ruine Hohenbaden und Merkur

Per pedes oder mit dem Auto gelangt man zur **Ruine Hohenbaden** (Altes Schloss), von deren Aussichtsplattform der Blick über die Bäderstadt und zur Rheinebene reicht. Reizvolle Wanderwege führen von der Ruine zu den **Battertfelsen**, die mit ihren zum Teil schwierigen Routen Kletterer aus der ganzen Region anziehen. Das Highlight für Wanderer ist die Felsenbrücke nahe der Oberen Batterthütte.

Einen herrlichen Panoramablick über die Stadt genießt man von

Im Galopp nach Iffezheim

Nur etwa 14 km in nordwestlicher Richtung von Baden-Baden entfernt liegt Iffezheim – ein beschaulicher kleiner Ort, dessen Galopprennbahn alljährlich zur Großen Woche im August zum Mittelpunkt des deutschen Pferdesports avanciert. Iffezheim ist mit seiner großzügigen, gepflegten Anlage, dem edlen Blumenschmuck und den historischen Tribünengebäuden nicht nur eine der schönsten Rennbahnen Europas.

Vielmehr lohnt neben dem Rennsport auch das Drumherum einen Besuch – mit sachkundigem Publikum aus aller Welt, vom Scheich bis zum Industriemagnaten sowie glamourösen Gästen aus der nahen Kurstadt. Und nicht zuletzt auch mit vielen ganz normalen Menschen, die ihr Glück mit einer kleinen oder größeren Wette aufs Pferd setzen wollen.

Infos: www.baden-racing.com

Baden-Badens Hausberg **Merkur** (668 m). Man kann ihn erwandern oder gemütlich mit der Standseilbahn hinauffahren (Markgrafenstr., tgl. 10–22 Uhr). **50 Dinge** ⑫ › S. 13.

Info

Tourist-Information

- Schwarzwaldstr. 52 (Stadteinfahrt an der B 500) | 76530 Baden-Baden Tel. 0 72 21/27 52 00 www.baden-baden.de
- **Infostelle** in der Trinkhalle im Kurpark.

Hotels

Brenners Park-Hotel & Spa €€€

Die 100 Zimmer lassen an Komfort und Luxus nichts zu wünschen übrig, auch der Spa-Bereich sucht seinesgleichen. Küchenchef Paul Stradner hat sich gerade seinen zweiten Stern verdient.

- Schillerstr. 4/6 | Tel. 0 72 21/90 00 www.brenners.com

Am Markt €€

Altstadthaus in verkehrsberuhigter Zone, kleiner Familienbetrieb.

- Marktplatz 18 | Tel. 0 72 21/27 04-0 www.hotel-am-markt-baden.de

Schweizer Hof €€

Erschwingliches 3-Sterne-Haus unmittelbar neben dem Festspielhaus. Vor großen Gastspielen sollte man zeitig reservieren.

- Lange Str. 73 | Tel. 0 72 21/3 04 60 www.schweizerhof.de

Restaurants/Café

Zum Alde Gott €€€

[!] Mehrfach prämiertes Landhaus-Gourmet-Restaurant 10 km außerhalb in Neuweier; Reservierung ratsam.

- Weinstr. 10 Tel. 0 72 21/55 13 www.zum-alde-gott.de

Rizzi €€

In dem als Palais Gagarin bekannten Haus mit großer Sonnenterrasse wird mediterran inspirierte Küche aufgetischt.

- Augustaplatz 1 | Tel. 0 72 21/2 58 38 www.rizzi-baden.de

Café König €€

Traditionscafé der Spitzenklasse, gute badische Küche. **50 Dinge** ⑯ › S. 14.

- Lichtentaler Str. 12 Tel. 0 72 21/2 35 73 www.chocolatier.de

Shopping

Exklusive **Schmuckgeschäfte** und Edelboutiquen konzentrieren sich in der Sophienstraße.

Eine Adresse für moderne Kunst von Otto Waalkes bis Udo Lindenberg ist die **Walentowski Galerie**.

- Sonnenplatz 2 | Tel. 0 72 21/29 05 75 www.walentowski-galerien.de

Nightlife

Max's

Angesagte Diskothek.

- Kaiserallee 4 www.maxsbaden-baden.de Fr und Sa ab 23 Uhr

Rastatt ❷ [C1]

Das Mittelzentrum (47 500 Einwohner; 123 m) in der Oberrheinischen Tiefebene ist eine Gründung von Markgraf Ludwig Wilhelm. Nach der Zerstörung seines Schlosses in Baden-Baden im Pfälzischen Erbfolgekrieg ließ dieser eine barocke Stadtanlage und eine neue Residenz errichten. 1697 begann der italienische Baumeister Domenico Egidio Rossi für das Patenkind des Sonnenkönigs Louis XIV. mit der Nachahmung von Schloss Versailles. Die hufeisenförmige und kühl wirkende barocke Anlage von **Schloss Rastatt** mit seinem großen Ehrenhof wird durch zahlreiche Sandsteinskulpturen aufgelockert. Deutsche Militärgeschichte zeigt das **Wehrgeschichtliche Museum** im Schloss, während das **Freiheitsmuseum** an die von Rastatt ausgegangene niedergeschlagene Badische Revolution 1848/49 sowie an andere demokratische Bewegungen bis zur Wende in der DDR erinnert (beide Di–So 10–17, Nov.–März 10 bis 16 Uhr). Zu den Anlagen, die Ludwig Wilhelms Frau Sibylla Augusta bauen ließ, gehört die achteckige **Pagodenburg,** in der Kunstausstellungen stattfinden.

Info

Tourist-Information
• Herrenstr. 18 (im Schloss)
  76437 Rastatt | Tel. 0 72 22/972-12 20
  www.rastatt.de

Hotels

Hotel am Schloss €€
Kleines Hotel mit funktional eingerichteten Zimmern.
• Schlossstr. 15 | Tel. 0 72 22/9 71 70
  www.hotelamschloss-rastatt.de

Ringhotel Schwert €€
Zentral aber ruhig gelegen, gediegene Ausstattung, gute Küche.

• Herrenstr. 3a
  Tel. 0 72 22/76 80
  www.hotel-schwert.de

Restaurant

Raub's Restaurant €€€
Landgasthof mit Gästezimmern. Prämierte Küche aus frischen Zutaten.
• Hauptstr. 41 | Kuppenheim
  Tel. 0 72 25/7 56 23
  www.raubs-landgasthof.de

Schloss Favorite ③ ⭐ [C1]

1710, drei Jahre nach dem Tod ihres Gatten ließ sich Markgräfin Sibylla das Schloss als eine ländliche Zuflucht in Förch erbauen. Ihr Lieblingsarchitekt Rohrer gestaltete die Sommerresidenz in vielen Kleinigkeiten so, dass die adlige Dame an ihre Heimat Böhmen erinnert wurde. Die symmetrisch angelegten Kavaliersgebäude und der englische Park lassen alles Spielerische vermissen. In der Tat war Sibylla in

Das Prunkschlafzimmer von Erbprinz Ludwig-Georg im Schloss Favorite

55

späteren Jahren zu einer sittenstrengen und frommen Dame geworden, dies beweist die Bußkammer in der **Magdalenenkapelle,** in der sie sich geißelte.

Ein krasser Gegensatz dazu ist die üppige Originalausstattung des Schlosses: Prunkräume wie das Spiegelkabinett, reiche Deckenfresken, eine prächtige Porzellansammlung und die alte Schlossküche sind ein Augenschmaus (www.schloss-favorite-rastatt.de, Tel. 0 72 22/4 12 07, Mitte März–Mitte Nov. Di bis So 10–17 Uhr, stdl. Führungen).

Gernsbach 4 [C2]

Das mittelalterlich geprägte Städtchen (14 000 Einw.; 174 m) liegt am Eingang zum schönen Murgtal. Schon vor anno 1250 erhielt der einstige Flößerort an der Murg die Stadtrechte. An dem kleinen steilen Sträßchen zum Marktplatz imponiert vor allem der rote Sandsteinbau des **Alten Rathauses** im Spätrenaissancestil. Der wohlhabende Murgschiffer Jakob Kast hatte sich das Gebäude um 1617 errichten lassen, wohnte jedoch nie darin. Auf holprigem Kopfsteinpflaster gelangt man über die Thurmgasse an ehemaligen Wehrgängen und am alten Zehntkeller vorbei zur **Liebfrauenkirche,** von deren Kirchplatz man die Aussicht über das Murgtal genießt.

Info

Touristinfo
• Igelbachstr. 11 | 76593 Gernsbach
  Tel. 0 72 24/6 44-44
  www.gernsbach.de

Hotel

Sonnenhof €€
Familiengeführtes Hotel, stilvolle Zimmer, Freiterrasse mit schöner Aussicht auf das Murgtal.
• Loffenauerstr. 33 | Tel. 0 72 24/64 80
  www.hotel-sonnenhof.net

Restaurant

Brüderlin €
Ordentliche badische Küche.
• Hauptstr. 3 | Tel. 0 72 24/22 92
  www.restauration-bruederlin.de
  Di geschl.

Ausflug nach Schloss Eberstein 5 [C2]

Eine Waldstraße, von der aus sich immer wieder der Blick ins Tal öffnet, führt in Richtung Baden-Baden und biegt bald zum Schloss Eberstein (5 km) ab. Die Anlage geht in ihrer Grundsubstanz auf das 13. Jh. zurück, wurde im Laufe der Jahrhunderte immer wieder umgebaut und erweitert und beherbergt heute das **Restaurant und Hotel Schloss Eberstein** unter der Leitung des Spitzenkochs Bernd Werner (www.schloss-eberstein.de, Tel. 0 72 24/9 95 95 00, €€€).

Forbach 6 [C2]

Weithin bekannt ist der Luftkurort (5300 Einwohner; 332 m) im wildromantischen **Murgtal** durch seine gedeckte Holzbrücke mit einer Spannweite von 40 m. Die auf das 18. Jh. zurückgehende Brücke wurde nach der Zerstörung im Zweiten Weltkrieg 1954 originalgetreu wieder aufgebaut. 6 km südlich des Ferienorts biegt bei Raumünzach eine

Die 1955 erbaute Forbacher Holzbrücke über die Murg

Straße zum **Schwarzenbach-Stausee** ab (4 km), der zum Schwimmen und Bootfahren einlädt.

Info

Tourist-Information
- Landstr. 27 | 76596 Forbach
  Tel. 0 72 28/3 90 | www.forbach.de

Bad Herrenalb 7 [C1]

Die Kurstadt (7500 Einwohner; 365 m) liegt im Mittelpunkt von sieben Tälern und erfreut sich bereits seit gut 150 Jahren als Heilbad größter Beliebtheit. Viele Wanderwege, Kur- und Freizeiteinrichtungen sowie eine Skiliftanlage sorgen ganzjährig für lebhaften Kurbetrieb. Zum alten Baumbestand des Kurparks gehören u. a. Sumpfzypresse, Zaubernuss und Mammutbaum, im Tourismusbüro gibt es einen dendrologischen Flyer.

Vom einst reichen **Zisterzienserkloster** blieb nur die Vorhalle der Klosterkirche aus dem 12. Jh. als Ruine erhalten. An deren Paradies genanntes Ostportal klammert sich seit ca. 1825 eine Kiefer oben in den Mauerresten fest. Dies Naturdenkmal bewahrte man bei den letzten Restaurierungsarbeiten.

Zum Spektrum der **Siebentäler Therme** gehört das Klangbad. Es verwöhnt mit akustischem Bade- und Entspannungserlebnis (www.siebentaelertherme.de, Schweizer Wiese 9, tgl. 9–22 Uhr).

Ein beliebtes Wanderziel ist die 8 km entfernte **Teufelsmühle** auf 900 m Höhe. Von dem Aussichtsturm mit Gaststätte hat man einen fantastischen Blick in die Rheinebene. Für Mountainbiker ist die Bergstrecke eine echte Herausforderung!

Info

Tourismusbüro
- Rathausplatz 11
  76332 Bad Herrenalb
  Tel. 0 70 83/50 05 55
  www.badherrenalb.de

Voll im Trend: Wellness

Sie baden in Schlamm oder Heu, lassen Stirnölgüsse oder Haferanwendungen über sich ergehen, sitzen mucksmäuschenstill beisammen, um bei Atemgymnastik, Qi Gong oder einer Farblichttherapie ganz zu sich selbst zu finden oder durch gezielte Bewegungen den Geheimnissen der Fünf Tibeter nachzuspüren: Dass gerade der Schwarzwald in puncto Wellness einiges zu bieten hat, liegt nahe. Seine zum Teil mondänen historischen Bäder, die Luftkurorte, die ausgedehnten Waldlandschaften und nicht zuletzt die gute Küche bieten eben ideale Voraussetzungen für entspannende Gesundheitswochen.

32 anerkannte Kurorte, fast anderthalb Dutzend Thermalbäder und hervorragende Wellnesshotels (www.wellnessstars.de, www.baeder

kalender.de) liegen mit ihren Wellness- und Anti-Aging-Angeboten voll im Trend.

Entspannung wie bei den Römern

Wellness – was ganz nach modernem Tourismus-Marketing klingt, basiert in Wirklichkeit auf jahrhundertealten Traditionen. Schon die Römer wussten um die wohltuende Wirkung heißen Thermalwassers, und in Asien entwickelte man Entspannungstechniken, deren heilende Wirkungen unumstritten sind. Auftanken heißt die Devise, und wo könnte man das besser als an einem Ort wie **Baden-Baden.** Das historische **Friedrichsbad** › S. 52, 1877 auf den Fundamenten einer römischen Therme erbaut, galt zu Recht schon damals als schönstes Thermalbad

Europas. Auch die zur selben Betreibergesellschaft gehörenden **Caracalla-Thermen** mit sieben verschiedenen Becken, einer römischen Saunalandschaft und Massagepool versprechen ein exquisites Badeerlebnis. Bäder mit ganz besonderem Ambiente sind **Bad Wildbad** › S. 60 und **Bad Teinach** › S. 71, wo schon die württembergischen Könige gern kurten.

In der jüngst modernisierten **Paracelsus-Therme** in Bad Liebenzell kann bei Kerzenlicht und zu Unterwassermusik geschwommen werden, einmal im Monat gibt es eine Mitternachtssauna › S. 69.

Etwas Besonderes ist das Klangbad in der **Siebentäler Therme** von Bad Herrenalb › S. 57. Umhüllt von warmem Wasser, Musik und sanftem Licht können sich hier gestresste Zeitgenossen richtig entspannen.

Mit dem **Thermenpass** kann man Thermenhoppen in den Heilbädern Herrenalb, Liebenzell, Teinach-Zavelstein und Wildbad (www.thermenquartett.de).

Schlank, gesund und fit

Baden und Entspannen allein reichen heute nicht mehr. Schönheit, Spaß und Fitness sind ebenfalls gefragt, und so werden häufig Kombinationen angeboten, zu denen Cellulite-Behandlung, Peeling und Bio-Lifting ebenso gehören wie Ernährungsprogramme. Schwarzwald Balance heißt eine Neuerung, die in erster Linie der Entsäuerung des Organismus dienen soll. Ergänzt wird dies durch Sport- und Fitnessprogramme wie Radeln, Wandern,

Gymnastik oder Reiten. Aber auch wer entschlacken, kneippen, das Rauchen aufgeben oder die Haut auf Vordermann bringen möchte, kann sich aus den vielfältigen Angeboten das Passende heraussuchen.

Fitness-Fans sind im **Wellness- und Vitalhotel Mangler** › S. 128 richtig: Das luxuriöse Hotel im Landhausstil bietet diverse Fitnessprogramme nach Maß.

Das 1025 m hoch gelegene **Schliffkopfhotel** › S. 63 ist eines der bekanntesten Wellnesshotels im Schwarzwald. Kosmetik und Massage, Pilates und Vitalitäts-Check gibt es ebenso wie Hallenbad und Hamam.

Über Angebote, Hotels und kombinierte Wellnessprogramme informieren die kostenlosen Broschüren **Wellness Stars Hotels** sowie **Wellness Stars Thermen**. Sie können über Schwarzwald Tourismus (www.schwarzwald-tourismus.info und › S. 154) angefordert werden.

Die Caracalla-Therme in Baden-Baden

Hotel

Höfers Hotel Harzer €€
Gegenüber vom Kurhaus gelegenes
3-Sterne-Haus mit eigener Massage-
und Bäderabteilung.
• Kurpromenade 1 | Tel. 0 70 83/9 25 60
  www.hotel-harzer.de

Restaurant

Schwarzwaldgasthof Linde €
Gemütlich, einfache Küche.
• Gaistalstr. 128 | Tel. 0 70 83/9 22 30

Bad Wildbad 8 ⭐ [D2]

Seit dem Mittelalter ist der Kurort
(10 000 Einwohner; 428 m) für seine Thermalquellen bekannt. Im engen Enztal gruppieren sich um den
Kurplatz zwei sehr unterschiedliche
Kurgebäude.

Das zwischen 1840 und 1847 entstandene Graf-Eberhards-Bad wird
heute als **Palais Thermal** genutzt.
Deutschlands vielleicht schönster
Badetempel überzeugt vor allem
durch das stilvolle Interieur mit
Mosaiken und Skulpturen, Jugend-
stilfenstern und der Maurischen
Halle (www.palais-thermal.de, Mo
bis Fr 12–22, Sa/So 10–22 Uhr).

Im **König-Karls-Bad** (1882) gegenüber, das heute als Haus des Gastes
dient, finden Konzerte und Thea-
ter-Gastspiele statt.

Mit der modernen **Vitaltherme**
gibt es in Wildbad eine zweite Badelandschaft, die über ein großes
Gesundheitszentrum verfügt (www.
vitaltherme-bad-wildbad.de, tgl. 9
bis 19, Di, Do und Sa 9–21 Uhr).
Zum Flanieren lädt der schöne **Kurpark** am Enzufer ein. Zu seinen Ein-
richtungen gehören das Königliche

Kurtheater (1864), die Trinkhalle
(1934), der Musikpavillon und das
Kurhaus mit Lesesaal und Kurpark-
restaurant.

Vom Eingang des Kurparks fällt
der Blick auf das große **Rathaus**
(1914) mit ungewöhnlicher Fassade. Ursprünglich wurde es als Hotel
Löwen an den Hang gebaut, was den
über dem Portal thronenden Löwen
erklärt. Im Sitzungssaal werden in
Reliefbildern elf Szenen der berühmten Ballade »Der Überfall im
Wildbad« von Ludwig Uhland gezeigt (Besichtigung im Rahmen einer Stadtführung des Touristen-
büros).

Während des **Rossini-Festivals** im
Juli werden seit vielen Jahren Werke
des Meisters aufgeführt (www.
rossini-in-wildbad.de). Der Opern-
komponist Gioachino Rossini (1792
bis 1868) war 1856 Kurgast in Bad
Wildbad.

Wanderfreunde können sich den
Anstieg auf den 731 m hohen **Sommerberg** ersparen, indem sie mit der
Standseilbahn hinauffahren und
erst oben ihre Touren in der Umgebung beginnen. 50 Dinge ⑩ › **S. 13**.

Radsportler schätzen den **Bike-
park** auf dem Berg ebenso wie
den 115 km langen **Enztal-Radweg**.
Als einer der ersten Kurorte im
Schwarzwald führte Bad Wildbad
2009 **E-Bikes** ein (Infos über Touristik Wildbad).

Info

Touristik Wildbad
• König-Karl-Str. 5 | 75323 Bad Wildbad
  Tel. 0 70 81/1 02 80
  www.bad-wildbad-tourismus.de

Hotels

Mokni's Palais Hotel €€€
Elegantes 4-Sterne-Haus, in dem schon
Rossini kurte. Unter gleicher Leitung
steht das Bad-Hotel vis à-vis mit direk-
tem Zugang zum Palais Thermal.
- Kurplatz 4–6
  Tel. 0 70 81/30 10
  www.moknis.com

Kurhotel Valsana am Kurpark €€
Großzügige Apartments und Wellnessbereich, Panoramaterrasse und urige
Weinstube, kreative Küche.
- Kernerstr. 182 | Tel. 0 70 81/15 10
  www.valsana.de

Hotel Weingärtner €€
Gut geführtes Haus oberhalb des Kurparks; mit Zimmern im Laura-Ashley-Stil,
kleiner Wellnessabteilung und Panoramablick von der Dachterrasse.
- Olgastr. 15–17
  Tel. 0 70 81/1 70 60
  www.hotel-weingaertner.com

Restaurants

Melange €
Café-Bar-Restaurant mit Stuckdecken
und einer reizenden Gartenterrasse.
- im Kurhaus | Tel. 0 70 81/93 94 50
  www.melange-wildbad.de

Wildbader Hof €
Gute schwäbische Küche, eine Spezialität ist Most vom Fass.
- König-Karl-Str. 43 | Tel. 0 70 81/24 76
  www.wildbaderhof.de
  Di geschl.

Eiscafé de Simone €
Populäre italienische Eisdiele am Kur-
parkeingang mit riesiger Freiterrasse.

- Kuranlagenallee 4/1
  Tel. 0 70 81/95 54 83

Shopping

Forellenzucht Calmbach
Direktverkauf von Schwarzwaldforellen,
im Sommer mit Forellengrill.
- Würzbachtalstr. 278
  Tel. 0 70 81/72 17
  www.forellenzucht-calmbach.de

Gratis entdecken

- Die **Konus-Card** erlaubt fast im
  ganzen Schwarzwald die kosten-
  lose Nutzung öffentlicher Ver-
  kehrsmittel. › **S. 24, S. 154**
- Viele der im **Nationalpark
  Schwarzwald** von Rangern an-
  gebotenen geführten Wanderungen sind kostenlos. › **S. 46**
- In der **Staatlichen Kunsthalle
  Baden-Baden** ist freitags der
  Eintritt frei. › **S. 51**
- Die **Donauquelle** im Schlossgarten von Donaueschingen ist frei
  zugänglich. Wer will, kann eine
  Münze in den Quelltopf werfen –
  soll Glück bringen! › **S. 98**
- Im **Europa-Park Rust** haben
  Kinder bis zu 12 Jahren an ihrem
  Geburtstag freien Eintritt (Aus-
  weis nicht vergessen!). Für er-
  wachsene Begleitpersonen wird
  allerdings der ganz normale Ein-
  tritt fällig. › **S. 100**
- Die **Hochschwarzwald Card**
  bietet freien Eintritt in über 70
  Attraktionen. Bedingung: zwei
  Übernachtungen. › **S. 154**

Ausflug ins Wildseemoor **9** [D2]

Entlang der Großen Enz führt die Schwarzwald-Bäderstraße in den Erholungsort **Sprollenhaus**, einen Ortsteil von Bad Wildbad. Von hier aus kann man auf Schusters Rappen oder im Winter als Langläufer dem Hochmoor und Naturschutzgebiet am **Wildsee** und **Hornsee** einen Besuch abstatten (10 km). Das Wildseemoor auf einem 900 m hoch gelegenen Höhenrücken ist eine der letzten Hochmoorlandschaften Deutschlands mit Moorbirken, Wollgräsern und Schwingrasen. Die urige Moorlandschaft kann auf einem Bohlenweg erkundet werden.

Baiersbronn **10** [C3]

Die weit verzweigte und waldreiche Nationalparkgemeinde (16 500 Einwohner; 500–1150 m) hat sich von einem ehemaligen Flößerdorf zum einem der größten und beliebtesten Ferienorte im Schwarzwald entwickelt. Wanderer, Angler, Skater und Skisportler finden hier ideale Ferienbedingungen vor. Für Kinder gibt es jede Menge Angebote, und der Ort erhielt mehrfach Auszeichnungen für Familienfreundlichkeit. Im Oberdorf kommen im **Wilhelm-Hauff-Märchenmuseum** alle auf ihre Kosten (Alte Reichenbacher Str. 1, Mi, Sa, So 14–17 Uhr).

Ein Skatepark und Nordic-Walking-Strecken lassen Sportlerherzen höher schlagen. Und Wanderern eröffnet sich hier eines der besten Reviere im gesamten Schwarzwald: Thematisch sortiert stehen acht Baiersbronner Himmelswege zur Wahl. Beliebte Wanderziele sind etwa die **Sankenbach-Wasserfälle,** der **Bannwald** in Hinterlangenbach oder der wegen der Teichrosenblüte berühmte **Huzenbacher See**. Auf dem **Lotharpfad** führt der **!** Weg über Stege, Leitern und Treppen durch ein vom Orkan Lothar verwüstetes Gebiet. Vier bewirtschaftete Wanderhütten sorgen unterwegs für ein zünftiges Vesper. Mit dem **Seensteig** gibt es auch eine erlebnisreiche Mehrtagesroute.

Das Wander-Informationszentrum am Bahnhof berät bei der Tourenauswahl (Freudenstädter Str. 40, Tel. 0 74 42/18 00 80). Dort kann auch Wanderausrüstung ausgeliehen werden, vom Mountainbuggy bis hin zum GPS-Gerät.

Besondere Anziehungskraft hat der Ort durch seine hervorragende **Gastronomie**. Drei Spitzenköche haben sich in den Sternenhimmel der Restaurantkritiker gekocht: Harald Wohlfahrt (Traube, drei Michelin-Sterne), Claus-Peter Lumpp (Bareiss, drei Sterne) und Jörg Sackmann (Sackmann, ein Stern). **50 Dinge ㉒ › S. 14. 50 Dinge ㉝ › S. 16.**

Info

Baiersbronn Touristik
• Rosenplatz 3 | 72270 Baiersbronn
Tel. 0 74 42/8 41 40
www.baiersbronn.de

Hotels

Engel €€€
Alle **!** Zimmer, Suiten und Appartements des noblen Hauses sind individuell gestaltet und großzügig

geschnitten. Mit Innen- und Außenpools
und viel Wellness.

• Ortsteil Obertal | Rechtmurgstr. 28
  Tel. 0 74 49/8 50
  www.engel-obertal.de

Schliffkopf €€€

Nationalparkhotel mit ❗ Body & Soul-
Programm und großer Bade- und Sau-
nawelt.

• An der Schwarzwaldhochstraße
  Tel. 0 74 49/92 00
  www.schliffkopf.de

Traube €€€

Hervorragendes Hotel im Landhausstil,
Saunaparadies, Kinderprogramm.

• Ortsteil Tonbach | Tonbachstr. 237
  Tel. 0 74 42/49 20
  www.traube-tonbach.de

Lamm €€€–€€

Komfortables mittelgroßes Haus mit
Hallenbad und großen Zimmern. Auch
vegetarische Küche.

• Ortsteil Mitteltal | Ellbachstr. 4
  Tel. 0 74 42/49 80
  www.lamm-mitteltal.de

Schwarzwald-Pension Otto €

Angenehme Familienpension im
Ortsteil Tonbach in ruhiger Lage am
Waldrand.

• Freyenhöfe 7 | Tel. 0 74 42/8 44 70
  www.tonbachtal.de

Restaurants

Hotel Sackmann €€€

Das Hotelrestaurant Schlossberg ist eines der drei Gourmet-Restaurants,
jüngst mit dem zweiten Stern dekoriert
isst bei den fantasievollen Kreationen
das Auge mit.

Meisterkoch Harald Wohlfahrt vom
Hotel Traube

• Schwarzenberg | Murgtalstr. 602
  Tel. 0 74 47/28 90
  www.hotel-sackmann.de

Bareiss €€€–€€

Ebenfalls drei Top-Restaurants: Fürstlich
eingerichtet ist der klassische Gastraum,
französisch inspiriert die Küche; gedie-
gen das Kaminzimmer mit elsässisch-
mediterranen Gerichten, wunderschön
die rustikalen Dorfstuben.

• Ortsteil Mitteltal
  Gärtenbühlweg 14
  Tel. 0 74 42/4 70
  www.bareiss.com

Traube €€€–€€

Drei Spitzenrestaurants: die elegante
Schwarzwaldstube (französisch
inspirierte Feinschmeckerküche), die
Köhlerstube (regionale Spezialitäten)
und die gemütliche Bauernstube (herz-
hafte Kost).

• Ortsteil Tonbach | Tonbachstr. 237
  Tel. 0 74 42/49 20
  www.traube-tonbach.de

Der Marktplatz in Freudenstadt gilt als der größte Deutschlands

Freudenstadt 11 [C3]

Der Höhenluftkurort (23 000 Einwohner; 732 m) ist ein viel besuchtes Urlaubs-, Kur- und Sportzentrum sowie Verkehrsknotenpunkt im Nordschwarzwald. 1599 von Herzog Friedrich I. von Württemberg gegründet, entstand Freudenstadt nach einem Brand 1632 neu als erste deutsche Idealstadt. Hofbaumeister Heinrich Schickhardt (1558–1635) entwarf die mühlebrettartig verlaufenden Straßen, die von dem 219 × 216 m großen **Marktplatz** ausgehen, dem größten in Deutschland. Faszinierend anzusehen sind hier die 50 Wasserfontänen. Unter den Arkadengängen des Marktplatzes haben sich Geschäfte und Cafés eingerichtet, die zum Bummeln einladen. Ebenfalls auf Schickhardt geht die in der südwestlichen Ecke des Platzes stehende **Winkelhakenkirche** zurück.

Der **Obere Marktplatz** ist zweimal in der Woche für den **!** städtischen Wochenmarkt reserviert, auf dem es auch etliche Stände mit Bio-Produkten gibt (April.–Okt. Di und Fr 7–13 Uhr, übrige Zeit nur Fr).

Ein Badespaß für Jung und Alt ist das **Panorama-Bad** im Norden der Stadt (Ludwig-Jahn-Str. 60, www.panorama-bad.de, Mo–Sa 9–22, So 9–20 Uhr). **50 Dinge** ⑦ › **S. 12.**

Info

Freudenstadt Tourismus
- Marktplatz 64
  72250 Freudenstadt
  Tel. 0 74 41/86 40
  www.ferien-in-freudenstadt.de

Hotels

Kur- und Sporthotel Lauterbad €€€
Das **!** mehrfach ausgezeichnete Wellnessresort im ruhigen Ortsteil Lauterbad lässt keine Wünsche offen – von der Beautyfarm bis zur Feinschmeckerküche.
- Amselweg 5
  Tel. 0 74 41/86 01 70
  www.lauterbad-wellnesshotel.de

Hohenried €€
Familienfreundliches Haus mit Wellness, großem Park und Kaminzimmer.
• Zeppelinstr. 5
Tel. 0 74 41/24 14
www.hotelhohenried.de

Schwanen €€
Freundlicher Familienbetrieb nahe Marktplatz, ruhig. Gute Regionalküche.
• Forststr. 6
Tel. 0 74 41/9 15 50
www.schwanenfreudenstadt.de

Restaurants
Weinstube Bären €€
Schöne Gaststube mit exklusiver Küche, in der bevorzugt Fisch, Wild und Geflügel auf den Tisch kommen.
50 Dinge ⑱ › S. 14.
• Lange Straße 33 | Tel. 0 74 41/27 29
www.hotel-baeren-freudenstadt.de
So geschl.

Bärenschlößle €
Idyllisch in altem Jagdschlösschen am Waldrand. Gute regionale Küche.
• Christophstal | Tel. 0 74 41/78 50

Turm-Bräu €
Hausbrauerei mit deftiger Küche, kleinem Biergarten und gelegentlicher Livemusik.
• Marktplatz 64
Tel. 0 74 41/90 51 21
www.turmbraeu.de

Shopping
Feinschinken-Manufaktur Wein
Original-Schwarzwälder Schinken im Direktverkauf.
• Ortsteil Musbach
Dornstetter Str. 29

Dornstetten ⑫ [D3]
Östlich von Freudenstadt lohnt Dornstetten ❗ mit seinen hübschen Fachwerkhäusern einen Besuch. Besonders sehenswert ist am Marktplatz das aus ehemals zwei Häusern zusammengelegte **Rathaus** (1682). Ebenfalls am Markt steht das Haus Hegel, in dem sich ein privates **Puppen- und Spielzeugmuseum** befindet (Nr. 12, So und Mi 14.30–17 Uhr). Weitere schmucke Fachwerkbauten, die auch zur Einkehr laden, sind der

---

SEITENBLICK

Wandern auf dem Westweg
Drei Fernwanderwege durchlaufen den Schwarzwald von Nord nach Süd. Westweg, Mittelweg und Ostweg. Der älteste davon ist der vor mehr als 100 Jahren angelegte Westweg. Startpunkt der einheitlich mit einer roten Raute markierten Route ist der Kupferhammer am südlichen Stadtrand von Pforzheim. Die 280 km lange Strecke bis Basel führt über den Hauptkamm des Schwarzwaldes und berührt dabei mit Hornisgrinde (1164 m), Schliffkopf (1055 m), Feldberg (1493 m) und Belchen (1414 m) die höchsten Gipfel des Mittelgebirges. Am Weg liegen eiszeitliche Karseen, wildromantische Wasserfälle und urtümliche Moorlandschaften. Für die gesamte Strecke sind zwölf bis 16 Tagesetappen einzuplanen. Die meisten Etappenorte sind per Bus oder Bahn erreichbar, sodass auch Tagestouren möglich sind. Info: www.schwarzwald-tourismus.info

Gasthof Linde (Hauptstr. 21) und der historische **Gasthof Waldgericht** im Ortsteil Aach (Grüntaler Str. 4).

Ein besonderes Erlebnis für Groß und Klein ist ein 2,4 km langer **Barfußpark** im Ortsteil Hallwangen (Mai–Okt. tgl. 9–18 Uhr, www.barfusspark.de).

Schwarzwaldhochstraße

Ein Renner im wahrsten Sinne des Wortes ist die 1930 zur Panoramastraße ausgebaute Schwarzwaldhochstraße von Freudenstadt nach Baden-Baden. Jedes Jahr befahren zigtausend Touristen die 60 km lange Strecke auf der Suche nach atemberaubenden Ausblicken ins Rheintal hinab.

Von Freudenstadt aus führt die Straße zunächst zum (Berg) **Kniebis** (971 m) mit dem gleichnamigen Ort **13** [C3] hinauf. Die **Kniebis-Hütte** (€, www.kniebishuette.de, Tel. 0 74 42/12 11 60) ist ein beliebter Startpunkt für Wanderungen auf dem Westweg und ganz nebenbei kann man dort auch **!** gut und preiswert einkehren.

Weitere Anlaufpunkte an der mitten durch den **Nationalpark Schwarzwald** führenden Straße sind der **Lotharpfad** nahe dem Schliffkopf › S. 62, das ganzjährig geöffnete Nationalparkzentrum an der **Passhöhe Ruhestein** › S. 46 und der **Mummelsee** › S. 58. Am Ruhestein findet meist Mitte Oktober ein **!** Naturparkmarkt statt (weitere Markttermine unter www.natur parkschwarzwald.de). **50 Dinge** ⑥ › S. 12. **50 Dinge** ⑪ › S. 13.

Hotel

Waldblick-Hotel Kniebis €€–€€€
Familiär geführtes 4-Sterne-Haus, vielfältiges Wellnessangebot (Aroma- und Solegrotte).
• Eichelbachstr. 47
Tel. 0 74 42/83 40
www.waldblick-kniebis.de

Mummelsee **14** [C3]

Direkt an der Schwarzwaldhochstraße gelegen, kann sich der 1036 m hoch gelegene Mummelsee an schönen Sommerwochenenden vor Ausflüglern kaum retten, was dem einstmals stillen Karsee den wenig schmeichelhaften Beinamen Rummelsee eingebracht hat. Vor allem sonntags, wenn der Musikverein Seebach zum Sommerkonzert einlädt, sind Parkplätze absolute Mangelware (Termine über Hotel). Für eine Bootspartie stehen Ruderboote bereit, auf dem reizvollen **Kunstpfad** kann man das Gewässer in 20 Minuten umrunden.

Sehr lohnend ist der gut halbstündige Aufstieg zur **Hornisgrinde** (1164 m), dem höchsten Gipfel des Nordschwarzwaldes. Vom 1910 erbauten Aussichtsturm genießt man ein Panorama bis ins Elsass.

Hotel

Berghotel Mummelsee €€€–€€
Das Haus mit der wunderbaren Seeterrasse erstrahlt in neuem Glanz. Gutes Restaurant, Schwarzwaldladen mit kulinarischen Spezialitäten.
• Schwarzwaldhochstr. 11
77889 Seebach/Mummelsee
Tel. 0 78 42/9 92 86
www.mummelsee.de

1804 zerstörte ein Blitzschlag die Klosteranlage Allerheiligen

Allerheiligen 15 [C3]

Die mittelalterliche **Ruine des ehemaligen Prämonstratenserklosters** oberhalb des Lierbachtals wird jährlich von rund 250 000 Besuchern angesteuert. Uta von Schauenburg gründete Ende des 12. Jhs. die gotische Anlage für Stiftsherren aus Sindelfingen. 1804 zerstörte ein Blitzschlag das Kloster. Heute sind noch Teile von Prälatur, Bibliothek und Klosterkirche vorhanden. Von der Ruine aus kann man auf einem gut ausgebauten Weg an den **Allerheiligen Wasserfällen** abwärts wandern, deren Wasser in Stufen 83 m tief hinabstürzen.

Pforzheim 16 [D1]

Porta Hercyniae, Tor zum Schwarzwald, nannte Philipp Melanchthon die Großstadt (118 000 Einwohner; 257 m) am Zusammenfluss von Enz und Nagold. Im Zweiten Weltkrieg wurde Pforzheim zu 80 % zerstört, ein Bombenangriff am 23. Februar 1945 brachte innerhalb von 22 Minuten etwa 17 600 Menschen den Tod. Einer der wenigen wieder errichteten Bauten ist die **Schlosskirche St. Michael.** Unter dem Chor kann im Rahmen einer Führung die Grablege der Markgrafen von Baden besichtigt werden (Tel. 0 72 31/ 39 37 00, Infos über das Touristenbüro).

Das neue Pforzheim lockt Liebhaber edler Geschmeide in das **Schmuckmuseum im Reuchlinhaus,** das rund 2000 Preziosen aus fünf Jahrtausenden präsentiert (Jahnstraße 42, www.schmuckmuseumpforzheim.de, Di–So 10–17 Uhr). **50 Dinge** (31) › S. 16. Hintergrundwissen über das Gewerbe vermittelt das **Technische Museum der Pforzheimer Schmuck- und Uhrenindustrie** in einem hübschen Jugendstilbau (Bleichstr. 81, www.technischesmuseum.de, Mi 14–17, So 10 bis 17 Uhr). Drei Mal pro Jahr kann man in einem fünftägigen Hobby-

Schmuckkurs ein persönliches Schmuckstück angefertigen (Tel. 0 72 31/39 28 69).

Schmuckwelten nennt sich ein Erlebniskomplex im Industriehaus im Zentrum von Pforzheim, zu dem neben einem großen Einkaufsbereich auch eine Mineraliensammlung und ein mit Goldplättchen überzogener Porsche gehören (Leopoldplatz, www.schmuckwelten.de).

Info

Tourist-Information
- Schlossberg 15–17
  75175 Pforzheim
  Tel. 0 72 31/39 37 00
  www.pforzheim.de

Hotels

Parkhotel €€€–€€
Großes Haus am Enz-Ufer, 208 Zimmern, schönem Wellness-Spa und Gastronomie-Erlebnisstraße.
- Deimlingstr. 32–36 | Tel. 0 72 31/16 10
  www.parkhotel-pforzheim.de

Hotel Royal €€
43 modern eingerichtete Zimmer, mit italienischem Restaurant und Fitnesszentrum.
- Wilhelm-Becker-Str. 3a
  Tel. 0 72 31/1 42 50
  www.hotel-royal-pforzheim.de

Restaurant

Seehaus €€–€
Landgasthof mit badisch-schwäbischer Küche und großem Biergarten, 6 km östlich des Zentrums. Mo, Di geschl.
- Tiefenbronner Str. 201
  Tel. 0 72 31/65 11 85
  www.seehaus-pforzheim.de

Ausflüge von Pforzheim

Nicht nur Kinder haben ihren Spaß an einer Exkursion in die Tier- und Pflanzenwelt des am Rande der Südoststadt gelegenen **Wildparks** mit Wisenten, Lamas, Luchsen und Yaks (Tiefenbronner Str. 100, Tel. 39 33 28, tgl. von morgens bis abends geöffnet).

Ein Bonbon für Kunstliebhaber ist die südöstlich der Stadt gelegene **Pfarrkirche St. Maria Magdalena** in **Tiefenbronn** 17 [E1] mit dem farbenfroh bemalten Magdalenenaltar aus dem Jahr 1431.

Kloster Maulbronn 18 ⭐

Das berühmte Kloster, 20 km nordöstlich von Pforzheim, liegt im Kraichgau, einer sanft gerundeten Hügellandschaft, die sich an die nördlichen Ausläufer des Schwarzwalds anschließt. Die 1147 von Zisterziensermönchen gegründete Abtei gilt als eines der am besten erhaltenen mittelalterlichen Klosterdörfer Deutschlands, sie zählt zum UNESCO-Weltkulturerbe.

In der Klosterschule drückten u. a. Friedrich Hölderlin und Hermann Hesse die Schulbank, der spätere Nobelpreisträger Hesse erzählt in seinem Roman »Narziß und Goldmund« von seiner Maulbronner Zeit.

Von dem baulichen Ensemble mit romanischen Wurzeln ragen das frühgotische Paradies der Stiftskirche, das Sternengewölbe im Kapitellsaal und das Brunnenhäuschen heraus.

Beeindruckendes Langhaus der Stiftskirche Maulbronn

Ein kleines **Museum** widmet sich der Klostergeschichte und dem asketischen Leben der Zisterzienser (tgl. 9.30–17 Uhr, Führungen um 11.15 und 15 Uhr, www.kloster-maulbronn.de). Neben dem Kloster lohnen auch der **Faustturm** und der von prächtigen Fachwerkhäusern umstandene weitläufige **Klosterhof** eine eingehende Besichtigung.

Restaurant

Klosterkatz €

Italienische Küche im ehemaligen Gesindehaus des Klosterdorfs.

• Klosterhof 21 | Tel. 0 70 43/80 89
  Di geschl.

Bad Liebenzell 19 [E1]

Der Mineralbadeort (9500 Einw.; 333 m) an der Schwarzwald-Bäder-Straße im Nagoldtal bietet eine differenzierte Palette mit Anti-stress-, Fitness- oder Schönheitswochen an. Jüngst aufgefrischt wurde die **Paracelsus-Therme,** die neben Thermalbad und Sauna auch Well-

ness und therapeutische Anwendungen offeriert (tgl. 9–22 Uhr). Wer nur entspannen will, kann sich im großen Freibad erholen (tgl. Mai bis Sept., 7.30–18.45 Uhr).

Eine reizvolle Wanderung führt durch die romantische Schlucht des **Monbachtals.** Der steile Aufstieg zur **Burg Liebenzell** hoch über der Nagold ist in knapp 30 Minuten bewältigt.

Info

Kurverwaltung

• Kurhausdamm 2–4
  75378 Bad Liebenzell
  Tel. 0 70 52/40 80
  www.bad-liebenzell.de

Hotels

Schönheitsfarm €€€

Das Ambiente des Hotels, die schöne Landschaft und die Behandlungen lassen Sorgenfalten schnell verschwinden (nur für Frauen!).

• Eichendorffstr. 19 | Tel. 0 70 52/35 82
  www.beauty-wellness.de

Die Ruinen des Klosters St. Peter und Paul in Hirsau

Am Bad-Wald €€
Am Thermalbad gelegenes Hotel garni mit Hallenbad und Sauna.
• Reuchlinweg 19
  Tel. 0 70 52/93 27 10
  www.hotelambadwald.de

Restaurant
Bella Vista €€–€
Mediterrane Küche.
• Unterhaugstetter Str. 15
  Tel. 0 70 52/14 68
  www.bellavistabadliebenzell.de
  Mi geschl.

Kloster Hirsau 20 ⭐ [E2]

Die 830 gegründete romanische Abtei war bis zur Zerstörung durch französische Truppen (1692) eine der imposantesten Klosterbauten im süddeutschen Raum. Das Benediktinerkloster war von den Reformideen aus Cluny in Frankreich wesentlich bestimmt und zugleich eines der einflussreichsten.

Von den einst so bedeutenden Bauwerken blieb der romanische **Eulenturm** mit schönen Figurenfriesen erhalten, der als Westturm der Klosterkirche St. Peter und Paul (1081) diente. Von der Vorgängerkirche **St. Aurelius** sind nur noch Teile des Langhauses und der Westfassade vorhanden. Im Sommer dienen ihre Ruinen als romantische Kulisse für Konzerte. Das Gelände ist frei zugänglich, Führungen finden von Mai bis Oktober sonntags um 11 Uhr statt (Anmeldung bei der Stadtinformation Calw).

Calw 21 [E2]

Das beschauliche Städtchen (23 000 Einwohner; 347 m) war einst Zentrum der Gerber, Flößer und Tuchmacher, die im Frühjahr ihre Waren auf dem Rathausplatz den Kaufleuten anboten. Diese erzielten damit auf Messen großen Erfolg, bald schon wurden Calwer Waren bis Spanien exportiert. Der zunehmende Wohlstand macht sich bis heute in den herrschaftlichen Fachwerk-Patrizierhäusern bemerkbar. Mehr über die Geschichte der Calwer Flößer und Tuchmacher erfährt man in der **Alten Gerberei** (Badstr. 7/1, April–Okt. So 14–17 Uhr).

Berühmt machte Calw aber vor allem der Schriftsteller Hermann Hesse, der 1877 im Haus Nr. 6 am [!] Marktplatz – mit seinen wunderschönen Fachwerkbauten und dem Rathaus mit Staffelgiebel (1726 bis 1730) einer der schönsten Plätze im Schwarzwald – geboren wurde.

Mit Erinnerungsstücken, Fotos und Erstausgaben wird im **Hermann-Hesse-Museum** ein lebhaftes Porträt des Dichters gezeichnet. Aquarelle und Illustrationen zeigen auch die weniger bekannte Seite als Maler (Am Marktplatz 30, April–Okt. Di bis So 11–17, Nov.–März Di–Do, Sa, So 11–16 Uhr).

Interessant ist auch eine **Stadtführung auf Hesses Spuren,** der seiner Heimatstadt bescheinigte, sie sei schöner als jede Stadt »zwischen Bremen und Neapel, zwischen Wien und Singapur«. Neben der gotischen Brückenkapelle auf der Nikolausbrücke zeigt eine lebensgroße Hesse-Skulptur, wie der Dichter über die Nagold schaut. Vor der Sparkasse, gegenüber von der Tourist-Information steht seit 2010 Hesses Romanfigur Knulp.

Info
Stadtinformation
- Sparkassenplatz 2 | 75365 Calw
  Tel. 0 70 51/16 73 99
  www.calw.de

Café
Café Montagnola €
Gemütliches Öko-Café neben dem Hesse-Museum mit kleiner Terrasse und Marktplatzblick.
- Marktplatz 32 | Tel. 0 70 51/95 52 13

Bad Teinach-Zavelstein 22 [D2]

Das Doppelstädtchen zählt ganze 3000 Einwohner und liegt auf 340 bis 740 m Höhe. Kurz hinter dem Ortsschild **Zavelstein** hat man den idyllischen Ort eigentlich schon wieder hinter sich. Zu dem Häufchen schöner alter Häuser gehörte einst auch eine Burg, von der lediglich der Bergfried erhalten blieb.

Rund 170 m tiefer liegt das komplett unter Denkmalschutz stehende **Bad Teinach,** einst die Sommerresidenz der württembergischen Herzöge. König Wilhelm I. ließ das Bad-Hotel, die Trinkhalle und das Badehaus errichten. Heute ist hier die Kurverwaltung untergebracht. Die kabbalistische Lehrtafel aus dem 17. Jh. in der Dreifaltigkeitskirche ist einzigartig.

Im Vorfrühling sollte man das **Naturschutzgebiet** nördlich von Zavelstein auf keinen Fall versäumen. Hier kündigen Tausende von wilden Krokussen den Frühling an.

Info
Teinachtal-Touristik
- Rathausstr. 5
  75385 Bad Teinach-Zavelstein
  Tel. 0 70 53/9 20 50 40
  www.teinachtal.de

Hotel
Berlin's Krone Lamm €€€
Geschmackvolle Zimmer, neuer Wellnessbereich, preisgekrönte regionale Küche.
- Zavelstein | Marktplatz 2
  Tel. 0 70 53/9 29 40
  www.berlins-hotel.de

Die Ortenau

Bühl 23 [B2]

Die große Kreisstadt (30 000 Einwohner; 138 m) bildet mit ihren
neun Stadtteilen ein betriebsames
Mittelzentrum der Ortenau. Weithin bekannt ist es durch die Bühler
Zwetschgen, eine Kreuzung heimi-
scher Früchte mit der französischen
Eierpflaume.   Wahrzeichen   der
Kernstadt ist der 63 m hohe Turm
der neugotischen **Pfarrkirche,** auf
dem nahen **Marktplatz** wird samstags ein viel besuchter Wochenmarkt abgehalten. Das **Rathaus**
(1887) am Markt diente ursprünglich als Kirche. Ansehnliche Häuser
säumen die Schwanenstraße, in der
ein **Stadtmuseum** Interessantes zur
Ortsgeschichte aufbereitet hat.

Das traditionsreiche Fachwerk-
Gasthaus **Schwanen** gegenüber geht
bis anno 1628 zurück.

Im Ortsteil Kappelwindeck mit
der barocken Kirche St. Maria lohnt
ein Aufstieg zur **Ruine Altwindeck,**
wo alle zwei bis drei Jahre ein Burg-
fest mit Ritterspielen stattfindet.

Info

Tourist-Information
• Hauptstr. 47 | 77815 Bühl
  Tel. 0 72 23/93 50
  www.buehl.de

Restaurants

Die Grüne Bettlad €€€
Hotelrestaurant für Genießer: französische und badische Spezialitäten.
• Blumenstr. 4 | Tel. 0 72 23/9 31 30
  www.gruenebettlad.de
  So, Mo geschl.

Casa Antica €€
Italienisches Spezialitätenrestaurant.
• Dreherstr. 9 | Tel. 0 72 23/306 06
  www.gudestub-casantica.de
  Di geschl.

Ausflug zu den Gertelbach-Fällen

Eine   erlebnisreiche   Wanderung
(9 km) startet am von **Bühlertal** 24
[B2] ausgeschilderten Wanderparkplatz Gertelbach. Von dort kann
man entlang der **Gertelbach-Wasser-
fälle** zur Gertelbachhütte und dem
etwas oberhalb davon gelegenen
Wiedenfelsen (695 m) aufsteigen.
Von der Felsformation eröffnet sich
ein   imposantes   Panorama   zur
Oberrheinebene.

Sasbachwalden 25 [B2]

Der Luft- und Kneippkurort (2500
Einwohner; 257 m), von seinen Be-
wohnern kurz Saschwalle genannt,
beeindruckt inmitten üppiger Rebberge durch seine ❗ geballte Fachwerkromantik. Zum wahren Augenschmaus macht den liebevoll
herausgeputzten Ort nicht zuletzt
der reiche Blumenschmuck. Er be-
scherte Saschwalle bei Landeswett-
bewerben   zum   schönsten   Dorf
Deutschlands schon etliche Gold-
medaillen.

Berühmt ist Sasbachwalden zu-
dem für seinen im Flaschengärver-
fahren aus den Rebsorten Riesling,
Spätburgunder und Pinot erzeugten
Sekt und diverse hochprozentige
Wässerchen.   **Kellerführungen   mit
Weinprobe** bietet die Winzergenos-
senschaft Alde Gott auf Anfrage
(Talstr. 2, Tel. 0 78 41/2 02 90, www.

aldegott.de). Auf dem Spinnerhof öffnet im Sommer die **Teufelsküch-Brennerei** ihre Türen – natürlich nicht ohne Schnapsprobe (Am Schlossberg 8, www.teufelskuech. de, Schaubrennen jeden 1. und 3. Do im Monat 16–19.30 Uhr).

Zu den gesünderen Urlaubsaktivitäten gehört eine ❗ Wanderung durch die Felsenschlucht der **Gaishölle** mit ihren runden, übereinander getürmten Granitblöcken und weiter bergauf zum **Brigittenschloss** (760 m). Die bis ins 19. Jh. hinein unwegsame Gaishölle konnten bis dato nur Ziegen (Geißen) durchqueren, heute helfen 13 Holzbrücken Wanderern über die wildromantische Schlucht hinweg.

Info

Kurverwaltung
• Talstr. 51
77887 Sasbachwalden
Tel. 0 78 41/10 35
www.sasbachwalden.de

Hotels

Landhaus Schoenen €€
Ruhige Hanglage nahe Ortskern, alle 11 Zimmer mit Balkon oder Terrasse.
• Auf der Golz 6 | Tel. 0 78 41/2 04 70
www.landhaus-schoenen.de

Ferienpark Gaishöll €€–€
Apartments mit einem oder zwei Schlafzimmern und Küche. Zur Anlage gehören Hallenbad und Abenteuerspielplatz; ideal für Familien.
• Gaishöllpark 5
Tel. 0 78 41/60 80
www.badenpage.de/gaishoell-ferienpark

Restaurants

Fallert €€€
Die mit einem Michelin-Stern dekorierte Feinschmeckerküche im Hotel Talmühle hat neben Regionalgerichten auch Gambas und Tintenfisch auf der Karte.
50 Dinge ⑮ › S. 14.
• Talstr. 36 | Tel. 0 78 41/62 82 90
www.talmuehle.de
Im Winter Mo, Di geschl.

Knusperhäuschen €€
Café-Restaurant und Weinstube in 300 Jahre altem Fachwerkhaus.
• Bachmatt 3 | Tel. 0 78 41/16 64
www.knusperhäuschen-sasbach walden.de

Kappelrodeck 26 [B3]

Aus dem Winzerort Kappelrodeck (5900 Einw.; 220 m) und dem Ortsteil Waldulm am Eingang des Achertals kommen einige der besten deutschen Weine. Gewächse wie Waldulmer Rote und Hex vom Dasenstein stehen bei der alljährlichen Vergabe von Weinpreisen immer auf den vordersten Plätzen. Der Dasensteiner Spätburgunder verdankt seinen Namen verwitterten Granitfelsen, die auf einem **Weinlehrpfad** erwandert werden können.

SEITENBLICK

Ortenauer Weinpfad

Parallel zur Badischen Weinstraße führt der 62,5 km lange Ortenauer Weinpfad in etwa fünf Tagesetappen von Baden-Baden über Offenburg und Oberkirch bis nach Diersburg (Information bei allen Tourismusbüros der Region).

Zu den edlen Tropfen der Gegend gehören auch hochprozentige Wässerchen, 480 aktive Brenner verarbeiten die hier wachsenden Obstsorten zu feingeistigen Getränken. Spezialitäten sind Schwarzwälder Kirschwasser und Mirabellenschnaps, eine Rarität ist der aus Wildpflaumen gebrannte Zibärtle.

Als beliebtes Ausflugsziel lockt das von altem Baumbestand und Rhododendren gerahmte **Zuckerbergschloss.**

Info

Tourist-Information
- Hauptstr. 65 | 77876 Kappelrodeck
  Tel. 0 78 42/8 02 10
  www.kappelrodeck.de

Hotel

Rebstock €€
Das Fachwerkhaus von 1750 bietet elf Zimmer, badische Küche, eigenen Wein und Edelbrände.
- Waldulm
  Kutzendorf 1
  Tel. 0 78 42/94 80
  www.rebstock-waldulm.de

Restaurant

Zuckerbergschloss €€–€
Café mit wunderschönem Park und Terrasse, auf der man hausgemachten Kuchen genießen kann.
- Kappelrodeck | Grüner Winkel 60
  Tel. 0 78 42/34 34
  www.zuckerbergschloss.de
  Im Sommer tgl. 11–18.30 Uhr

Shopping

Winzerkeller Hex vom Dasenstein
Auch Kellerführung, Weinwanderungen.

- Burgunderplatz 1
  Tel. 0 78 42/9 93 80
  www.dasenstein.de

Winzergenossenschaft Waldulm
Kellerbesichtigungen mit Sektempfang und Weinprobe nach Anmeldung über die Tourist-Information.
- Weinstr. 37 | Tel. 0 78 42/9 48 90
  www.waldulmer.de

Ottenhöfen 27 [B3]

Der Luftkurort ist gemeinhin als das Mühlendorf im Schwarzwald bekannt (3300 Einwohner; 327 m), etliche attraktive Wanderwege laden zu Entdeckungen ein.

Auf dem knapp 15 km langen **Mühlenweg** durch das **Achertal** klappern acht Getreidemühlen und eine Hammerschmiede. Wer nicht den ganzen Weg gehen möchte, biegt kurz vor dem Ort nach Furschenbach ab und geht ein Stück bergauf zur alten **Benz-Mühle,** wo kräftiges Holzofenbrot und selbst gemachter Kuchen aufgetischt werden. Kinder haben ihren Spaß im Kleintiergehege (April–Okt. tgl. bis 19 Uhr, im Sommer bis 21 Uhr, www.benz-muehle.de).

Geübte, trittsichere und schwindelfreie Wanderer wagen sich an den **❗** Aufstieg zum **Karlsruher Grat,** Hobbyspaziergänger belassen es besser bei einem halbstündigen Marsch zu den **Gottschlägwasserfällen** mit dem Edelfrauengrab. Einer Sage zufolge war dort die Burgherrin von Bosenstein von ihrem Gemahl eingemauert worden, weil sie ihre sieben Kinder ertränken lassen wollte.

Nostalgische Erinnerungen weckt eine Fahrt mit der musealen **Achern-talbahn** aus der Baureihe T 3, die an einigen Sonntagen von Otten-höfen über Kappelrodeck nach Achern und zurück dampft. Fahr-planauskünfte erteilt die Tourist-Information.

Info

Tourist-Information
• Großmatt 15
  77883 Ottenhöfen
  Tel. 0 78 42/8 04 44
  www.ottenhoefen.de

Hotel

Hotel-Restaurant Pflug €€
Große Hotelanlage mit rustikalen Zim-mern und Apartments, Hallenbad und Sauna direkt am Kurgarten.
• Allerheiligenstr. 1
  Tel. 0 78 42/9 94 20
  www.hotel-pflug.de

Oberkirch 28 [B3]

Die große Kreisstadt am Ausfluss der Rench in die Oberrheinische Tiefebene (20 000 Einw.; 192 m) ist eng mit dem Namen Johann Jacob Christoffel von Grimmelshausen verknüpft, der kurz nach dem Drei-ßigjährigen Krieg durch seinen Schelmenroman Simplicissimus be-kannt wurde.

Im alten Rathaus informiert das **Heimat- und Grimmelshausenmuse-um** über den Dichter (Di und Do 15–19, So 10–12.30 und 14–17 Uhr).

Nach einem Bummel durch den hübschen Altstadtkern mit Fach-werk und Resten der mittelalterli-chen Stadtmauer lohnt ein Ausflug

Schwarzwälder Obstbrände genießen inter-nationalen Ruf

zur hoch über der Stadt thronenden **Burgruine Schauenburg,** in der Grimmelshausen zeitweise als Ver-walter tätig war.

Oberkirch lebt zu einem nicht unbeträchtlichen Teil vom Wein- und Obstbau, ein Teil der Obsternte wird zu hochprozentigen Edelbrän-den destilliert – der Ort gilt mit mehr als 900 (!) Brennereien als die Schnapshauptstadt Europas. **50 Din-ge** ㉑ › **S. 14.**

Info

Tourist-Info
• Bahnhofstr. 16 | 77704 Oberkirch
  Tel. 0 78 02/8 26 00
  www.renchtal-tourismus.de

Restaurant

Silberner Stern €€–€
Historischer Gasthof im Ortsteil Gais-bach, Grimmelshausen war hier Wirt.
• Simplicissimusstr. 8
  Tel. 0 78 02/76 86
  www.silberner-stern.de
  Mi geschl.

DER MITTLERE SCHWARZWALD

Kleine Inspiration

- **Im Fachwerkstädtchen Gengenbach** im Kinzigtal das schmucke Ortsbild bestaunen › S. 82
- **Die bodenständige Küche** im rustikalen Gasthaus Falken in Schönwald probieren › S. 92
- **Den bunten Wochenmarkt** vor dem historischen Rathaus in Villingen erkunden › S. 95
- **Im Schlossgarten von Donaueschingen** eine Münze in den Quelltopf der Donau werfen › S. 98
- **Sich auf einer Wanderung** von der spektakulären Wutachschlucht verzaubern lassen › S. 99

Im Kinzigtal bezaubern idyllische Orte mit Fachwerkromantik, im Freilichtmuseum Vogtsbauernhof historische Bauernhäuser. Echte Naturerlebnisse bieten die
Triberger Wasserfälle und die Wutachschlucht.

Weltweit gehören sie zum verklär-
ten Schwarzwaldbild: die Trachten
mit dem roten Bollenhut, Schwarzwälder Kirschwasser und die Kuckucksuhr. Tatsächlich treffen diese
markanten Erkennungszeichen in
erster Linie auf den Mittleren
Schwarzwald zu.

Der Bollenhut hat sein Zuhause
allein im idyllischen Kinzigtal mit
seinen herausgeputzten Fachwerkhäusern und alten Schwarzwald-
höfen, und wird dort nur in Gutach
und Umgebung und nur zu besonderen Anlässen getragen. Der Mittlere Schwarzwald ist mit seinen gut
800 Bauernhöfen mit Brennrecht
und Brennereien für das berühmte
Obstwässerle bekannt, und die Kuckucksuhr soll ebenfalls in der Re-

gion – um 1737 – erfunden worden
sein. Die schönsten Exemplare sind
heute im Uhrenmuseum in Furtwangen und im Schwarzwaldmuseum in Triberg zu bewundern, beide
besitzen eine hochkarätige Sammlung an Zeitmessern.

Von der gemütlichen Messe- und
Medienstadt Offenburg aus erstreckt sich der Mittlere Schwarzwald nach Süden hin bis vor die
Tore Freiburgs, nach Osten hin ver-
band schon eine alte Römerstraße
die Rheinebene über das dicht bewaldete Mittelgebirge mit der
Schwäbischen Alb. Heute windet
sich dort die Schwarzwaldbahn von
Offenburg nach Donaueschingen,
durch bewaldete Täler und über
mittlere Höhenlagen.

Oben: Deutsches Uhrenmuseum, Furtwangen
Links: Die weltgrößte Kuckucksuhr in Schonach

Touren in der Region

Mit der Schwarzwald-bahn unter-wegs

Route: Offenburg › Gengenbach › Haslach › Hornberg › Triberg › St. Georgen › Villingen › Donaueschingen

Karte: Seite 80
Länge: Fahrstrecke 86 km
Dauer: 2 Tage
Praktische Hinweise:

- Die Tour beschreibt die Strecke von Offenburg nach Donaueschingen, je nach Gusto kann man mit der Schwarzwaldbahn bis zum Endpunkt in Konstanz am Bodensee weiterfahren.
- Über nostalgische Fahrten mit einer Dampflok oder einem historischen Schienenbus informieren die Tourist-Information Triberg › S. 91 und im Internet www.dasferienland.de.

Tour-Start:

Die Schwarzwaldbahn gilt auch fast 150 Jahre nach Eröffnung der Strecke als eine Meisterleistung der Ingenieurkunst und ist bis heute die wichtigste Zugverbindung quer durch das Waldgebirge. Startbahnhof ist **Offenburg** **1** › S. 82 am Westrand des Schwarzwalds. Bevor es losgeht, bietet sich ein Spaziergang durch die vom Barock geprägte Innenstadt an.

Im vorderen Kinzigtal lohnt ein Halt in dem denkmalgeschützten Fachwerkörtchen **Gengenbach** **2** › S. 82. Eine weitere mögliche Station an der Kinzig ist **Haslach** **3** › S. 85, die Heimat des Volksdichters Heinrich Hansjakob.

Für Architekturfans ist das Duravit Design Center in **Hornberg** ein Muss (Werder Str. 36, Mo–Fr 8–18, Sa 12–16 Uhr, www.duravit.de). Der postmoderne Firmenpalast des Badezimmerausstatters entstand nach einem Entwurf des französischen Designstars Philippe Starck – spektakulär ist die Aussichtsplattform in Form einer WC-Schüssel. Nach Hornberg beginnt ein wildromantischer Abschnitt mit Tunnels.

Zum Übernachten bietet sich **Triberg** **16** › S. 90 an, dort kann man dann am nächsten Vormittag die Wasserfälle, das Schwarzwaldmuseum und den prächtigen Rathaussaal besichtigen.

Der Streckenabschnitt von Triberg nach **St. Georgen** **23** › S. 93 könnte man als das Filetstück der Gebirgsbahn bezeichnen – auf 27 km werden 18 Tunnels durchfahren. Im Erholungsort St. Georgen zeigt die Sammlung Grässlin zeitgenössische Kunst, im Deutschen Phonomuseum sind Grammophone und nostalgische Zehn-Platten-Wechsler zu sehen.

In der Doppelstadt **Villingen-Schwenningen** **27** › S. 95 hält der

Gengenbach im Kintzigtal begeistert mit schmuckem Fachwerk

Zug am Bahnhof Villingen, von dort sind es nur wenige Schritte in die Altstadt. Drei Tortürme und eine gut erhaltene Stadtmauer fassen das zentrale Straßenkreuz mit dem gotischen Liebfrauenmünster ein. Im Eiscafé Zampolli (Rietstr. 33, südwestlich vom Münster) lässt sich die Atmosphäre der autofreien Innenstadt genießen.

Die Bahntour endet in der Residenzstadt **Donaueschingen** **31** › S. 98, wo sich die rechtmäßige Donauquelle befindet. Mit Schloss, Kunstsammlung und der Fürstenberg-Brauerei ist die Stadt entscheidend vom Hause der Fürsten zu Fürstenberg geprägt.

Tour 5 Fachwerkorte im Kinzigtal

Route: Gengenbach › Haslach › Freilichtmuseum Vogtsbauernhof › Wolfach · Schiltach · Alpirsbach

Karte: Seite 80
Länge: Fahrstrecke 56 km
Dauer: 2 Tage
Praktische Hinweise:
• Die Tour kann außer im Pkw auch gut mit der Bahn unternommen werden. Von Gengenbach bis Hausach verkehrt die Schwarzwaldbahn, von dort aus erreicht man mit der Kinzigtalbahn die Orte Wolfach, Schiltach und Alpirsbach.
• Das Trachtenmuseum in Haslach hat montags geschlossen.

Tour-Start:

Die 93 km lange Kinzig bildet mit ihren Nebenflüssen Schiltach, Kleine Kinzig, Harmersbach, Wolf und Gutach die größte Talschaft im Wald. An ihren Ufern wetteifern schmucke Landstädtchen um das schönste Ortsbild. Ganz vorne mit dabei ist **Gengenbach** **2** › S. 82 mit mittelalterlichen Fachwerkhäusern, Tortürmen und Brunnen.

Die ehemalige Bergbausiedlung **Haslach** 8 › **S. 85** glänzt vor allem am Markt mit stolzem Fachwerk. Nur wenige Kilometer entfernt widmet sich das **Freilichtmuseum Vogtsbauernhof** 10 › **S. 86** der Wohnkultur und dem alten Schwarzwälder Handwerk. Den ersten Tag beschließt ein Bummel durch **Wolfach** 13 › **S. 88** mit seinen hübschen Bürgerhäusern.

Einen Höhepunkt auf der Fachwerkroute bildet am zweiten Tag das Städtchen **Schiltach** 14 › **S. 89**. Der vielleicht schönste Marktplatz im Schwarzwald wird von prachtvollen Fachwerkhäusern eingefasst.

Der wichtigste Ort im oberen Kinzigtal ist **Alpirsbach** 15 › **S. 90**, das sein Entstehen den Benediktinern verdankt. Ein Teil der fast 1000-jährigen Klosteranlage ist bestens konserviert. Im Brauereigasthof Löwen-Post kann man bei einem Glas frisch gezapftem Alpirsbacher Klosterbräu die Tour ausklingen lassen.

Touren im Mittleren Schwarzwald

Tour

Mit der Schwarzwaldbahn unterwegs

Offenburg › Gengenbach › Haslach › Hornberg › Triberg › St. Georgen › Villingen-Schwenningen › Donaueschingen

Tour

Fachwerkorte im Kinzigtal

Gengenbach › Haslach › Freilichtmuseum Vogtsbauernhof › Wolfach › Schiltach › Alpirsbach

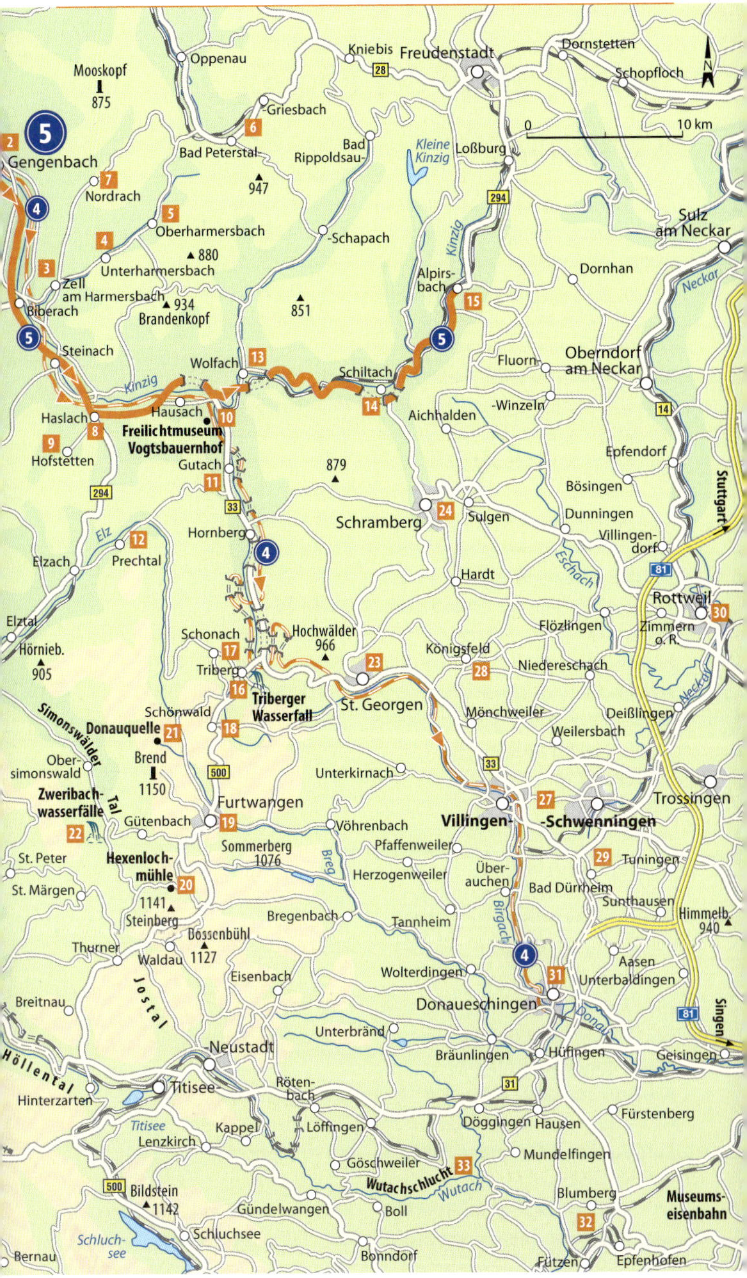
Oppenau
Kniebis
Freudenstadt
Dornstetten
Schopfloch
Mooskopf
875
Griesbach
Bad Peterstal
Bad Rippoldsau
Kleine Kinzig
Loßburg
0
10 km
Gengenbach
Nordrach
947
Oberharmersbach
Schapach
880
Unterharmersbach
Zell am Harmersbach
Biberach
934
Brandenkopf
851
Alpirsbach
Kinzig
Sulz am Neckar
Dornhan
Neckar
Steinach
Wolfach
Schiltach
Fluorn
Oberndorf am Neckar
Winzeln
Aichhalden
Haslach
Hausach
Freilichtmuseum Vogtsbauernhof
Hofstetten
Gutach
879
Epfendorf
Bösingen
Schramberg
Sulgen
Dunningen
Villingendorf
Stuttgart
Elz
Prechtal
Elzach
Hornberg
Hardt
Eschach
Rottweil
Elztal
Hörnieb.
905
Schonach
Hochwälder
966
Triberg
Flözlingen
Zimmern o. R.
Königsfeld
Niedereschach
St. Georgen
Triberger Wasserfall
Schönwald
Mönchweiler
Deißlingen
Weilersbach
Simonswälder Tal
Donauquelle
Ober-simonswald
Brend
1150
Unterkirnach
Zweribach-wasserfälle
Furtwangen
Villingen-
-Schwenningen
Trossingen
Gütenbach
Vöhrenbach
St. Peter
Hexenlochmühle
Sommerberg
1076
Breg
Pfaffenweiler
Herzogenweiler
Überauchen
Tuningen
Bad Dürrheim
St. Märgen
1141
Steinberg
Sunthausen
Himmelb.
940
Bossenbühl
Bregenbach
Tannheim
Brigach
Thurner
Waldau
1127
Aasen
Jostal
Eisenbach
Wolterdingen
Unterbaldingen
Breitnau
Donaueschingen
Donau
Singen
Unterbränd
Neustadt
Bräunlingen
Hüfingen
Geisingen
Höllental
Hinterzarten
Titisee
Rötenbach
Titisee
Kappel
Löffingen
Döggingen
Hausen
Fürstenberg
Lenzkirch
Göschweiler
Mundelfingen
Wutachschlucht
Wutach
Bildstein
1142
Gündelwangen
Boll
Blumberg
Museumseisenbahn
Schluchsee
Schluchsee
Bernau
Bonndorf
Fützen
Epfenhofen

Unterwegs in der Region

Das Kinzigtal

Offenburg **1** [B3]

Am weiten Eingang von der Rheinebene ins Kinzigtal liegt die Kon-
gress- und Messestadt Offenburg
(58 400 Einwohner; 142 bis 690 m).
Ihre günstige Lage an der Kreuzung
zweier Handelsstraßen hatten bereits die Römer erkannt. Die meisten der erhaltenen Gebäude in der
Innenstadt sind geprägt von barocker Pracht.

Am neu gestalteten Marktplatz
mit der zu Ehren der Schutz-
patronin der Stadt errichteten St.-
Ursula-Säule und am benachbarten
Fischmarkt zeigt Offenburg sein
historisches Gesicht: Das barocke
Rathaus von 1741 ist mit einer figür-
lichen Darstellung des mutmaß-
lichen Stadtgründers Prinz Offo
geschmückt. Gegenüber weist das
im ausgehenden 18. Jh. errichtete
ehemalige **Salzhaus** eine Fassade im
klassizistischen Stil auf.

Auf dem **Fischmarkt** thront ein
steinerner Löwe auf dem 1599 erbauten Löwenbrunnen, während
nebenan die Hirschapotheke mit
einem prächtigen Stufengiebel und
einer reich bemalten Fassade die
Blicke auf sich zieht. Die Malerei
entstand im Jahr 1898. Auf den
Grundmauern der abgerannten
Vorgängerkirche wurde ab 1700 die
von der Vorarlberger Bauschule be-
einflusste nahe **Stadtpfarrkirche Hei-
liges Kreuz** mit ihrem dominieren-
den dreistöckigen Turm errichtet.

Info
Stadtinformation
Mit Fahrradverleih.
• Fischmarkt 2
  77652 Offenburg
  Tel. 07 81/82 28 00
  www.offenburg.de

Hotels
Palmengarten €€€–€€
Modernes 4-Sterne-Haus mit WLAN,
Sauna und Fitnessraum.
• Okenstr. 15–17
  Tel. 07 81/20 80
  www.balladins.de

Blume €€
Kleines, gemütliches Hotel mit ausge-
zeichneter Küche.
• im Ortsteil Rammersweier
  Weinstr. 160 | Tel. 07 81/3 36 66
  www.gasthof-blume.de

Restaurant
Ritter Stube €€€
Schwarzwälder Spitzengastronomie im
Hotel Ritter inmitten der idyllischen
Weinlandschaft.
• 77770 Durbach | Talstr. 1
  (ca. 8 km nordöstl. von Offenburg)
  Tel. 07 81/9 32 30
  www.ritter-durbach.de

Gengenbach **2** ⭐ [B4]

Unter den Städtchen im Kinzigtal
gilt die ehemalige Freie Reichstadt
(11 000 Einwohner; 175–875 m) als
besonderes Schmuckstück. Krum-
me Fachwerkfassaden, Stadttore,
gepflasterte Gassen, verschwiegene

Die romanische Pfarrkirche St. Marien in Gengenbach

Innenhöfe und der singende Nacht-
wächter lassen ein wenig das Mittelalter wiederauferstehen.

Zum lebhaften Ambiente tragen
auch die Touristen bei, die an Wochenenden das Kinzigtalidyll besuchen, um etwa in der **Pfarrkirche
St. Marien** (11. Jh.) eine Messe mit-
zuerleben. Bei dieser romanischen
Kreuzbasilika der Hirsauer Schule
handelt es sich um eine der ältesten
Kirchen der Region. Im Innenhof
der ehemaligen Abtei wuchern in
einem Kräutergärtlein Heil- und
Gewürzpflanzen.

Am eindrucksvollsten präsentiert sich das ! geschlossene
Stadtbild mit seinen restaurierten
Fachwerkhäusern um den 1582 errichteten **Röhrbrunnen** auf dem gepflasterten Marktplatz. Die Statue
auf der Brunnensäule trägt Schrift-
rollen, welche die Privilegien der
alten Reichsstadt symbolisieren. Im
Dezember verwandelt sich die Rat-
hausfassade im Stil des französischen Klassizismus in einen der
weltgrößten Adventskalender.

Nach Süden sicherte früher der
Kinzigtorturm die Stadtbefestigung.
Das mit dem Gengenbacher Wap-
pen und einer Sonnenuhr dekorierte **Obertor** diente als Wachtturm der
nördlichen Stadtbefestigung und
stammt aus dem 13. Jh. Von einer
hölzernen Galerie bietet sich ein
herrlicher Blick auf den Marktplatz.
Im Gänsbühl am Obertor steht das
Färberhaus von 1747, in dem einst
die Färber ihre Tücher im offenen
Obergeschoss zum Trocknen auf-
hängten.

In der **Engelgasse** steht noch das
Elternhaus des Schriftstellers Victor
von Scheffel. Die Gasse ist auf ihrer
gesamten Länge von den Fassaden
renovierter oder wiederaufgebauter
Fachwerkhäuschen mit vorspringen-
den Obergeschossen gesäumt.

Im **Niggelturm** aus dem 13. Jh.,
der früher ein Bestandteil der Stadtmauer war, fand das lokale **Narren-
museum** mit zahlreichen Fasnets-
häs und Masken eine Heimstätte
(April–Okt. Mi, Sa 14–17, So 11 bis
17 Uhr). **50 Dinge** ㊸ › S. 17.

In Zell am Harmersbach

Info
Tourist-Information
- Im Winzerhof | 77723 Gengenbach
  Tel. 0 78 03/93 01 43
  www.gengenbach.info

Hotel
Pfeffermühle €€
In Altstadtnähe, 24 Zimmer in warmen
Farbtönen. Im stilvollen Fachwerk-
restaurant werden badische Speziali-
litäten serviert.
- Oberdorfstr. 24 | Tel. 0 78 03/9 33 50
  www.pfeffermuehle-gengenbach.de

Restaurant
Strohhof €
Gemütliche Bauernwirtschaft im Ortsteil
Strohbach, Spezialität Bibbeleskäs.
50 Dinge ⑰ › **S. 14.**
- Strohhof 1 | Tel. 0 78 03/37 13
  Do/Fr geschl., im Winter nur Sa/So
  geöffnet.

Zell am Harmers-
bach ③ [B4]
Die Kleinstadt (8000 Einwohner;
223 m) in einem Seitental der Kinzig war bereits im Mittelalter für
ihre Steingut- und Fayence-Herstel-
lung bekannt – noch heute lieben
vor allem Kinder das bekannte
Hahn-und-Henne-Geschirr.

Die Stadt hat zwar durch eine
Reihe von Bränden viel von ihrer
alten Substanz verloren, aber einige
Türme bewahren können, wie den
Hirschturm, ein Rundturm der alten
Stadtbefestigung von ca. 1330, und
den **Storchenturm** von 1139, den
heute das **Heimatmuseum** nutzt (April–Okt. Di–So 14–17 Uhr, Kombi-
karte mit Villa Haiss und Fürstenberger Hof, Unterharmersbach).

Daneben steht die **Alte Kanzlei**
(Verkehrsbüro) mit täuschend echt
aussehenden, aber gemalten Fenstern. Das **Rathaus** von 1895 hat ein
besonders schönes Dach aus gla-
sierten Ziegeln. Freunde moderner
Kunst zieht es zu Baselitz, Beuys
und Co in die **Villa Haiss** (www.art
bischoff.com, Am Park 1, Mi, Fr, Sa
12–17, Do 16–20, So 13–18 Uhr).

Info
Verkehrsamt
- Alte Kanzlei | 77736 Zell a. H.
  Tel. 0 78 35/63 69 47 | www.zell.de

Hotel
Hotel Klosterbräustuben €€
Kinderfreundliche 3-Sterne-Hotel-
anlage, 800 m vom Zentrum, mit
Wellnessbereich.
- Blumenstr. 19 | Tel. 0 78 35/78 40
  www.klosterbraeustuben.de

Shopping

Zeller Keramik

Im Werksshop gibt es Keramik u. a. mit Hahn-und-Henne-Dekor sowie günstige 2.-Wahl-Keramik. **50 Dinge** ① › **S. 12.**

• Hauptstr. 2 | www.zeller-keramik.de
Mo–Sa 9–17.30 Uhr

Ausflüge von Zell
Ins Harmersbachtal

Von Zell erschließt eine Straße in nordöstlicher Richtung das Harmersbachtal mit einer verführerischen Ansammlung von Bauernwirtschaften und Wandermöglichkeiten. Ein romantisches Plätzchen und ein hochinteressantes Schaufenster in alte Zeiten ist das **Heimatmuseum Fürstenberger Hof** in **Unterharmersbach 4** [B4] (www.fuerstenberger-hof-museum.de, April–Okt. Do und So 15–17 Uhr).

Vom benachbarten **Oberharmersbach 5** [B4] führt eine anspruchsvolle Wanderung zum Aussichtsturm auf den **Brandenkopf** (945 m), der auch mit dem Auto erreicht werden kann. Einen besonders guten Bibbeleskäs sowie Most serviert die Bäuerin der **Vesperstube Durben** am Wegesrand (€, Tel. 0 78 37/2 74, Mi, Do geschl.). Folgt man dem Harmersbachtal weiter talaufwärts über die Passhöhe Löcherwasen, erreicht man den wegen seiner Heilquellen bekannten Ort **Bad Peterstal-Griesbach 6** [C3]. **50 Dinge** ⑨ › **S. 13.**

Nach Nordrach 7 [B4]

Innerhalb von Zell biegt ein Sträßchen nach Nordrach ab, das Kinder, aber auch viele Erwachsene gerne besuchen, denn in dem Luftkurort gibt es ein einzigartiges **Puppenmuseum** (Juli–Mitte Sept. tgl. 14–17, sonst Sa/So 14–16.30 Uhr).

Haslach 8 [B4]

Im Kinzigtal bei Haslach (7000 Einwohner; 217 m) war der Bergbau im Mittelalter eine profitable Einnahmequelle, große Mengen an Silbererz wurden aus dem Berg geholt. Hätten französische Truppen das Städtchen 1704 nicht fast vollständig zerstört, würden wohl heute rund um den Marktplatz noch mehr architektonische Schmuckstücke existieren wie z. B. das über 250 Jahre alte **Rathaus** mit seinen bemalten Fassaden.

Dass im Schwarzwald nicht nur Bollenhüte getragen werden, zeigt das **Schwarzwälder Trachtenmuseum** in den Räumen des ehemaligen Kapuzinerklosters (April–Mitte Okt. Di–So 10–12.30, 13–17, sonst Di–Fr 10–12.30, 13.30–16 Uhr). Zu den bedeutendsten historischen Silberbergwerken der Region gehört das **Besucherbergwerk Segen Gottes** (Führungen April–Okt. Di–So 11 bis 15.30 Uhr).

Im **Hansjakob-Museum Freihof** kommen Anhänger des populären südbadischen Volksschriftstellers auf ihre Kosten (Fr 15–17, im Sommer auch So 10–12.30, 15–17 Uhr).

Info

Tourist-Information

• Im Alten Kapuzinerkloster
77716 Haslach
Tel. 0 78 32/70 61 72
www.haslach.de

Stube im Freilichtmuseum Vogtsbauernhof

Blume €€
Prächtiger alter Landgasthof mit freundlichen Zimmern, vielseitige Küche.
• Schnellinger Str. 56
  Tel. 0 78 32/9 12 50
  www.zur-blume.de

Storchen €€
Sympathisches Gasthaus in der Altstadt, leichte Küche. Fantasievolle Themen-Zimmer, beliebt bei Bikern.
• Hauptstr. 35 | Tel. 0 78 32/97 97 97
  www.hotel-storchen.de

Hofstetten 9 [B4]

Abseits der Hauptroute durch das Kinzigtal liegt die kleine Gemeinde (1700 Einwohner; 270 m), der der Volksdichter Heinrich Hansjakob in seinen Werken »Schneeballen« und »Im Paradies« ein literarisches Denkmal setzte. Recht häufig kehrte er im 1493 gegründeten **Gasthaus Drei Schneeballen** ein (€–€€, Tel. 0 78 32/28 15, Hauptstr. 11, www.drei-schneeballen.de). Von seinem Stammplatz aus konnte er den Blick über die Wälder und Wiesen schweifen lassen, die ihm so sehr am Herzen lagen. Am Ortsrand steht im Wald die Grabkapelle, wo der Schriftsteller und Pfarrer 1916 seine letzte Ruhestätte fand.

Freilichtmuseum Vogtsbauernhof 10 ⭐ [C4]

Der Vogtsbauernhof an der B 33 zwischen Hausach und Gutach gehört mit mehr als 200 000 Gästen im Jahr zu den Besuchermagneten im Schwarzwald. Einen so lebendigen Einblick in die Kultur und Lebensweise der Schwarzwälder Bauern während der vergangenen Jahrhunderte erhält man kaum irgendwo sonst. Begründet wurde das Freilichtmuseum vom Schwarzwaldhausforscher Hermann Schilli, der 1963 den Vogtsbauernhof kaufte. Der Hof zeigt, wie die Häuser der damaligen Landbevölkerung eingerichtet waren, wie die Menschen Haus und Hof bewirtschafteten und vieles mehr. Die einzelnen aus dem 16. und 17. Jh. stammenden Höfe wurden von ihren ehemaligen Standorten an die Gutach gebracht, um sowohl architektonische Unterschiede als auch die Gemeinsamkeiten der regionalen Bauweise aufzuzeigen. Das Stammhaus des Museums, der namensgebende **Vogtsbauernhof**, steht seit etwa 1570 an Ort und Stelle.

Größtenteils waren die Bauern in ihrer Versorgung auf sich selbst gestellt. Sie mahlten Mehl, räucherten Wurst und Schinken und brannten Schnaps, der damals eher ein Heil- als ein Genussmittel war. Diese Verfahren und viele alte Handwerksberufe sind auf dem Hof bei Demonstrationen zu bewundern.

Info

Schwarzwälder Freilichtmuseum
• Vogtsbauernhof
  77793 Gutach
  Tel. 0 78 31/9 35 60
  www.vogtsbauernhof.org
  April–Okt. tgl. 9–18 Uhr

Gutach 11 [C5]

Medien und Tourismusmanager haben den roten Bollenhut als die »Schwarzwälder Antwort auf die bayerische Lederhose« vermarktet. Aber in Wahrheit hat der kleidsame Kopfschmuck nur in den Gemeinden Kirnbach, Reichenbach und Gutach Tradition. Und selbst bei den Einwohnern des 2200-Seelen-Ortes (294 m) kommt die Schwarzwälder Tracht bestenfalls an Feiertagen oder für Folkloreabende aus der Truhe. Außer in Rot, der Hutfarbe für unverheiratete Frauen, wird die berühmte Kopfbedeckung auch in Schwarz getragen, von verheirateten Frauen.

Der kleine Ferienort an der Schwarzwaldbahn will übrigens nicht mit Gutach im Breisgau verwechselt werden.Für Wanderer ist Gutach ein guter Ausgangspunkt, um auf den 43 km langen **Hansja-**

Von Romantik keine Spur – Schwarzwälder Handwerk

Bäuerliches Idyll, klappernde Mühlen am rauschenden Bach und Schwarzwälderinnen mit leuchtend roten Bollenhüten sind als bekannte Schwarzwald-Klischees schon auf den Gemälden des Schwarzwälder Malers Hans Thoma verewigt. In Wahrheit aber war das Leben der Bevölkerung in dieser Bergregion alles andere als romantisch. Die kargen Felderträge zwangen zu Nebengewerben, wobei auch die Kinder kräftig mitzuhelfen hatten. In der kalten Jahreszeit saßen die Bauern bei glühendem Kienspan an der »warmen Kunst« (dem Kachelofen) und stellten etwa im Schneflerzentrum im Bernauer Tal die Holzschindeln her, mit denen die Schwarzwaldhäuser gedeckt wurden. Sie schnitzten Holzschuhe, Löffel, Schüsseln oder Gehäuse für Kuckucksuhren. Frauen und Kinder machten Flechtarbeiten.

Als die Holzpreise stiegen, lohnte sich die Schneflerei kaum mehr und wurde schließlich durch Emaillewaren ganz verdrängt. Ähnlich erging es den Bürstenherstellern und Glasbläsern, den Köhlern und den Seilern, deren Handwerk heute meist nur noch Vorführcharakter hat.

kob-Weg I oder den 104 km langen Hansjakob-Weg II zu gelangen. An den Strecken liegen zahlreiche Schauplätze der Erzählungen des gleichnamigen Dichters (Karten beim Schwarzwaldverein, www.schwarzwaldverein.de › S. 154).

Info

Verkehrsamt
• Hauptstr. 38
  77793 Gutach
  Tel. 0 78 33/9 38 80
  www.gutach-schwarzwald.de

Hotels

Zur Linde €€
Schöner historischer Gasthof mit Terrasse, Hallenbad und Sauna. Das Restaurant bietet Schwarzwälder Spezialitäten.
• Ramsbachweg 2
  Tel. 0 78 33/3 08
  www.linde-gutach.de

Rommelehof €
Familiäre Pension in einem bereits 1665 erwähnten Hof; etwa 1 km vom Ortszentrum entfernt.
• Ramsbachweg 69
  Tel. 0 78 33/65 40
  www.rommelehof.de

Ausflug ins Prechtal 12 [B5]

Südlich von Gutach windet sich eine Landstraße in engen Serpentinen durch dichten Hochwald zum Landwassereck hinauf. Von der Passhöhe reicht der Blick in die nordwestlichen Täler und Berge.

Nach Südwesten folgt die Straße bergab dem ländlichen Prechtal mit der Ortschaft **Oberprechtal**, der Er-

nest Hemingway 1922 in einem Artikel für den »Toronto Star« auf sehr bissige Weise gedachte: »Die Bettlaken sind kurz, die Federbetten klumpig«, nörgelte er und beschrieb den Wirt des Gasthofs Rößle als »unerschütterlich wie ein Ochse«. Heute müssen Gäste zwar auf eine Hemingway-Stube verzichten, nicht aber auf freundlich servierte, schmackhafte badische Speisen.
50 Dinge ㉟ › S. 16.

Restaurant

Schäcks Adler €€€–€€
Feinste Forellengerichte und delikate Vorspeisen in herrlich altem Schwarzwaldambiente.
• 79215 Elzach-Oberprechtal
  Waldkircher Straße 2
  Tel. 0 76 82/12 91
  www.schaecks-adler.de
  Mo/Di geschl.

Wolfach 13 [C4]

In einem malerischen Tal zwischen den Flüssen Wolf und Kinzig liegt der Luftkurort Wolfach (5800 Einwohner; 262 m). **50 Dinge** ⑦ › S. 12. Zwei hervorstechende Gebäude sind das **Fürstlich Fürstenbergische Schloss** von 1671 und das bemalte **Rathaus**. Alte Zeiten lässt das **Heimat- und Flößermuseum** aufleben.

Mineraliensammler dürfen auf den Abraumhalden der Firma Sachtleben zwischen Wolfach und Kirnbach auf Schatzsuche gehen (Infos: www.mineralienhalde.de). Das Bergwerk **Grube Wenzel** kann im Rahmen von Führungen besichtigt werden (April–Okt. Di–So, Führungen 11, 13 und 15 Uhr).

Info
Tourist-Information
- Hauptstr. 41
  77709 Wolfach
  Tel. 0 78 34/83 53 53
  www.wolfach.de

Hotels
Naturparkhotel Adler St. Roman €€€
Hotelkomplex aus 300 Jahre altem
Stammhaus und zwei Neubauten, mit
attraktivem Wellnessbereich. In den
beiden Restaurants wird Wert auf
regionale Produkte gelegt.
- Wolfach-St. Roman
  Tel. 0 78 36/9 37 80
  www.naturparkhotel-adler.de

Drei Könige €€
Gemütliche Zimmer im Schwarzwaldstil,
internationale Küche, große Weinkarte.
- Oberwolfach
  Wolftalstr. 28
  Tel. 0 78 34/ 8 38 00
  www.dreikoenige.de

Shopping
Glashütte Dorotheenhütte
Schönes Bleiglas und Weihnachts-
schmuck das ganze Jahr über. Auch Restaurant mit regionalen Gerichten.
- www.dorotheenhuette.info
  tgl. 9–16.30 Uhr

Schiltach 14 ⭐ [C4]
Eine ehemalige Gerber- und Flö-
ßergemeinde ist das ❗ schöne
Fachwerkstädtchen (4000 Einwohner; 330 m), das mit dem
Schüttesägemuseum im Gerbervier-
tel eine Ausstellung über Flößerei
und Holzverarbeitung besitzt (April
bis Okt. tgl. 11–17 Uhr).

Am **Marktplatz** mit dem bemalten Rathaus (1593) befinden sich
das private **Apotheken-Museum**
(April–Mai Di–So 14.30–16.30, Juni
bis Okt. zusätzlich 10.30–12 Uhr)
und das **Museum am Markt** mit Exponaten zur Stadtgeschichte (April
bis Okt. tgl. 11–17 Uhr).

Info
Tourist-Information
- Marktplatz 6 | 77761 Schiltach
  Tel. 0 78 36/58 50 | www.schiltach.de

! Erst-klassig

Romantische Fachwerkstädtchen

- In **Dornstetten** beherbergt das
  stolzeste Fachwerkhaus am
  Markt ein Puppen- und Spielzeugmuseum. › **S. 65**
- Für Hermann Hesse war **Calw** an
  der Nagold »die schönste Stadt
  von allen, die ich kenne«, bis
  heute hat sich kaum etwas ver-
  ändert. › **S. 70**
- Bei Wettbewerben um das
  schönste Ortsbild hat **Sasbachwalden** immer mit die Nase
  vorn. › **S. 72**
- **Gengenbach** im Kinzigtal hat
  viel von seinem mittelalterlichen
  Ambiente bewahrt. › **S. 82**
- Der Marktplatz in **Schiltach** präsentiert Fachwerkarchitektur wie
  aus dem Bilderbuch. › **S. 89**
- Auf dem Kaiserstuhl gibt es heimelige Ortsbilder mit Anleihen
  aus Renaissance und Barock –
  wie in **Burkheim**. › **S. 134**

Restaurant
Zum weyßen Rößle €€–€
Familienbetrieb in der 11. Generation; rustikale Gaststube, ❗ Fisch- und Wildspezialitäten, erlesene Weine und dunkles Landbier vom Fass.
• Schenkenzeller Str. 42
  Tel. 0 78 36/3 87
  www.weysses-roessle.de
  Mo geschl.

Alpirsbach 15 [C4]
Im oberen Kinzigtal liegt Alpirsbach (6700 Einw.; 400–800 m), das hauptsächlich durch sein Benediktinerkloster von 1095 und durch sein Bier (Alpirsbacher) bekannt ist. Einen guten Eindruck, welche Lebenslust wohl rund um das Kloster herrschte, bietet der **Marktplatz**, der einst Löwen, Krone, Raben, Hirschen und Engel als Gasthäuser um sich scharte. Nach einem Großbrand 1719 wurden alle Gebäude wieder aufgebaut.

Ganz in der Nähe befinden sich die **Klosterkirche St. Nikolaus** und die **Klosteranlage**, in der im Sommer Konzerte stattfinden (Mitte März–1. Nov. Mo–Sa 10–17.30, So 11–17.30, im Winter nur Do, Sa, So 13–15 Uhr). In der Klosterkirche hat eine 11 m hohe neue Orgel Platz gefunden, die auf Luftkissen steht und trotz des Gewichts von 16 Tonnen bei Bedarf in die Mitte der Kirche gefahren werden kann.

Das kleine **Klostermuseum** zeigt sehr anschaulich das Leben der Benediktinermönche in früheren Zeiten (April–Okt. 10–17.30, So 11 bis 17.30, im Winter Do, Sa, So 13 bis 15 Uhr).

Info
Tourist-Information
• Krähenbadstr. 2
  72275 Alpirsbach
  Tel. 0 74 44/9 51 62 81
  www.alpirsbach.de

Hotel
Löwen-Post €€
Stattlicher Gasthof, der mit der Alpirsbacher Klosterbrauerei verbunden ist; gemütliches Restaurant.
• Marktplatz 12 | Tel. 9 55 95
  www.loewen-post.de

Ausflug zum Stausee Kleine Kinzig
Westlich von Alpirsbach ist das Tal der Kleinen Kinzig ein reizvolles Naherholungsziel. Eine Staumauer staut das Flüsschen zu einem Trinkwasserspeichersee, der von der Dammkrone aus auf einem Wanderweg umrundet werden kann.

Rund um Triberg
Triberg 16 [C5]
Den Luftkurort (600–850 m) machten die **Triberger Wasserfälle** zu einem der bekanntesten Schwarzwaldorte. Die Gutach stürzt sich in sieben Kaskaden auf insgesamt 163 m tosend ins Tal. Für die Triberger sind es damit die höchsten Fälle in Deutschland, was jedoch nur stimmt, wenn man die Alpen unberücksichtigt lässt. **50 Dinge** 26 › S. 15.

Neben einem Besuch im **Schwarzwaldmuseum** mit einer Trachten-, Strohflechterei-, Holzschnitzerei- sowie Drehorgelausstellung (Wall-

fahrtstr. 4, www.schwarzwaldmu
seum.de, Di–So 10–17 Uhr, im
Sommer tgl.) und der aus dem
18. Jh. stammenden **Wallfahrtskirche Maria in der Tanne** ist hier auch
der holzverkleidete **Rathaussaal** mit
seinen Schnitzereien interessant
(Mo–Fr 9–12, Mo–Do 14–16 Uhr).

Info

Tourist-Information
• Wallfahrtstr. 4 | 78098 Triberg
Tel. 0 77 22/86 64 90
www.triberg.de

Hotels

Parkhotel Wehrle €€€
Renommiertes Traditionshotel mit Gästehaus mit südbadischer Küche.
• Gartenstr. 24 | Tel. 0 77 22/8 60 20
www.parkhotel-wehrle.de

Pfaff €€
Schwarzwälder Flair mit empfehlenswertem Restaurant.
• Hauptstr. 85 | Tel. 0 77 22/44 79
www.hotel-pfaff.com

Restaurant

Zur Staude, Gremmelsbach €€–€
Gasthof mit über 320 jähriger Tradition,
Forelle, Wild und eine gute Auswahl
vegetarischer Gerichte.
• Obertal 20 | Tel. 0 77 22/48 02
www.gasthaus-staude.de
Di Ruhetag

Shopping

Haus der 1000 Uhren
Der Name hält, was er verspricht:
Kuckucks- Schilder-, Stand- und Wanduhren in allen Größen und Preislagen.
• Hauptstr. 81

Die Triberger Wässerfälle

Holzbildhauerei Kammerer
Riesige Auswahl an holzgeschnitzten
Figuren, Engeln und Masken.
• Hauptstr. 68

Schonach 🔟 [C5]

Der kinderfreundliche Luftkurort
(4000 Einwohner; 765 bis 1163 m)
bietet ein großes Urlaubsprogramm
für Familien. Skifreunde kennen
Schonach als Startpunkt des 100 km
langen Skiwanderweges zum Belchen und als Austragungsort zahlreicher winterlicher Wettkämpfe.

Ein bizarrer Wettstreit entbrannte um die **größte Kuckucksuhr der
Welt**. Die Nase vorn hatte zunächst
Josef Dold (Untertalstr. 28), der sein
3,50 × 3,30 m großes Uhrwerk mit
einem hübschen Schwarzwaldhäuschen verkleidete. Nachahmer Eble
(Uhrenpark Eble, an der B 33 mit
großem Uhrengeschäft) legte je

Im Uhrenmuseum in Furtwangen

noch einen Meter drauf und löste so Dold im Guinness-Buch der Rekorde ab.

Info
Tourist-Information
• Hauptstr. 6 | 78136 Schonach
  Tel. 0 77 22/96 48 10
  www.schonach.de

Schönwald 18 [C5]
»Top of Black Forest« nennt sich der heilklimatische Kurort (2400 Einwohner; 1000 m) nicht ohne Stolz. Schönwald glänzt weniger mit Sehenswürdigkeiten als vielmehr durch seine reizvolle Lage und gepflegte Übernachtungsmöglichkeiten.

Ein gutes Loipennetz macht den Winter zur Hauptsaison, im Sommer wissen viele Wanderer die umliegenden Wanderwege zu schätzen.

Info
Tourist-Information
• Franz-Schubert-Str. 3
  78141 Schönwald
  Tel. 0 77 22/86 08 31
  www.dasferienland.de

Hotel
Zum Ochsen €€€–€€
Wellnesshotel im Landhausstil, mit eigenem 9-Loch-Golfplatz.
• Ludwig-Uhland-Str. 18
  Tel. 0 77 22/86 64 80
  www.ochsen.com

Restaurant
Falken €€–€
! Rustikaler Landgasthof in altem Schwarzwaldhaus direkt in der Ortsmitte. Zu den Spezialitäten gehört die Kartoffellauchsuppe mit Kracherle.
• Hauptstr. 5
  Tel. 0 77 22/43 12
  www.landgasthof-falken.de

Furtwangen 19 ⭐ 6 [C6]
Über 100 000 Besucher pro Jahr kommen in das **Deutsche Uhrenmuseum** in Furtwangen (9000 Einwohner; 850–1150 m). Es wurde von dem Erbauer der Schwarzwald- und Höllentalbahn, Robert Gerwig, gegründet. Rund 8000 Zeitmesser aller Art ticken in dem Museum – von der berühmten Kuckucksuhr bis zum »Knödelesser«, bei dem ein Stundenmännchen jede Stunde Knödel verdrückt. Benediktinermönch Thaddäus Rinderle (1748 bis 1824) aus St. Peter schuf eins der technisch interessantesten Stücke: die eindrucksvolle Astronomische Weltzeituhr im Museum (Robert-Gerwig-Platz 1, www.deutsches-uhrenmuseum.de, April–Okt. 9–18, sonst 10–17 Uhr).

Gleich neben dem Museum treffen sich in den Räumen der Hochschule Furtwangen jedes Jahr im August Uhrenliebhaber und Sammler aus aller Welt zur dreitägigen ❗ Antik-Uhrenbörse (www.antik-uhrenboerse.de).

Info
Tourist-Information
• Lindenstr. 1 | 78120 Furtwangen
Tel. 0 77 23/9 29 50
www.dasferienland.de

Hotel
Ochsen €€
Einfache Zimmer im Landhausstil gegenüber vom Rathaus.
• Marktplatz 9 | Tel. 0 77 23/9 31 16
www.ochsen-furtwangen.de

Ausflüge von Furtwangen
Hexenlochmühle 20 [B6]
Auf der B 500 wird in südlicher Richtung die **Kalte Herberge in** 1029 m Höhe (www.kalte-herberge.de, Tel. 0 77 23/73 89, Mo und Di geschl.) erreicht. Der Namen des Gasthauses lässt die raue Vergangenheit der Region erahnen: In dem Traditionslokal soll einst ein Handwerksbursche auf der Ofenbank erfroren sein. Tief hinab in ein enges Tal führt ein Sträßchen zur **Hexenlochmühle,** einer Wassermühle wie aus dem Bilderbuch (mit Gasthof und Souvenirladen, www.hexenlochmuehle.de). **50 Dinge** 25 › S. 15.

Donau-Ursprungsquelle 21 [B5]
Rund um Furtwangen gibt es eine Menge schöner Wanderziele wie den Aussichtsturm auf dem 1150 m hohen **Brend** mit Blick über den gesamten Schwarzwald. In der Umge-

bung locken im Winter attraktive Loipenlandschaften. Vom Brend führt ein knapp ❗ halbstündiger, bequemer Wanderweg zur Bregquelle. Die Breg bildet zusammen mit der Brigach, die bei St. Georgen entspringt, ab Donaueschingen die Donau. An der Bregquelle ist man 2888 km von der Mündung des Flusses ins Schwarze Meer entfernt. Nahe der Quelle ist der **Kolmenhof** (€, 0 77 23/9 31 00, www.kolmenhof.de) eine beliebte Einkehrmöglichkeit. Nicht weit von der Quelle entfernt liegt die **Martinskapelle.** Dort beginnen Wanderwege bzw. Loipen.

Simonswälder Tal
Zwischen Furtwangen und Gutach im Breisgau verläuft das malerische Simonswälder Tal. Ein attraktives Wanderziel sind die **Zweribachwasserfälle** 22 [D2] nahe des Ortes Obersimonswald. Der etwas steinige Anstieg von Wildgutach erfordert gutes Schuhwerk.

St. Georgen 23 [C5]
Am höchsten Punkt der Schwarzwaldbahn, im Ort St. Georgen (13 700 Einwohner; 800–1000 m), präsentiert das **Deutsche Phonomuseum** sehr anschaulich die Entwicklungsgeschichte vom ersten Phonographen bis zur HiFi-Technik (Di bis So 11–17 Uhr, www.deutsches-phono-museum.de).

In einem postmodernen Bau zeigt die private **Sammlung Grässlin** moderne Gegenwartskunst (Anmeldung unter Tel. 0 77 24/9 16 18 05, www.sammlung-graesslin.eu).

Schramberg 24 [C5]

Ein Ford Runabout aus dem Jahr 1907 ist das älteste Fahrzeug in der privaten **Autosammlung Steim,** die auf 3000 m² rund 100 Oldtimer zeigt. Ein paar Schritte weiter gibt es im Museum **ErfinderZeiten** außer Messerschmitt Kabinenrollern und BMW Isettas etwa 5000 Exponate zur Zeitmessung. Schräg gegenüber kann man sich im **Dieselmuseum** weiterbilden (www.auto-und-uhren welt.de, Di–So 10–17, von Mitte März–Ende Oktober 10–18 Uhr). **50 Dinge 30** › **S. 15.**

Waldkirch 25 [B5]

Das 20 000 Einwohner zählende Städtchen (274 m) am Fuße des Kandel hat sich in den letzten Jahren zu einem ansehnlichen Einkaufs- und Wirtschaftszentrum im Elztal entwickelt. Vom gepflasterten **Marktplatz** aus erkennt man nordwestlich der Stadt die aus dem 13. Jh. stammende **Kastelburg,** die aber seit ihrer Zer-

Kabinenroller in der Autosammlung Steim

störung im Jahr 1634 nur noch blinde Fenster und bröckelndes Mauerwerk aufzuweisen hat.

Der bekannte Vorarlberger Baumeister Peter Thumb schuf im 18. Jh. mit der schönen **Barockkirche St. Margaretha** ein Werk, das den Zeitenwechsel unbeschadet überstand.

Prominentester Gast im ehemaligen Propsteigebäude aus dem 19. Jh. gleich neben der Kirche war vermutlich Kaiser Wilhelm I., der dort logierte, als der schlossähnliche Bau noch als Herberge Gäste empfing. Mittlerweile dient das Gebäude als **Elztalmuseum** mit einer stattlichen Sammlung mechanischer Orgeln und anderer Musikinstrumente. Zudem erfahren Museumsbesucher viel zum Brauchtum im Schwarzwald (Di–Sa 15–17, So 11–17 Uhr, im Winter kürzer).

Eine außergewöhnliche Perspektive auf den Wald erlaubt der **Waldkircher Baumkronenweg.** Auf einer 27 m hohen Stahlkonstruktion kann man etwa 200 m durch Baumkronen spazieren (www.baumkro nenweg-waldkirch.de, April/Sept./ Okt. 10.30–18, Mai–Aug. 10.30–19, Nov. 10.30–16.30 Uhr).

Ein Hit bei Kindern ist der **Schwarzwaldzoo** nahe des Stadtrainsees mit Tret- und Ruderbooten und Streichelzoo (Am Buchenbühl 8 a, April–Sept. 9–18 Uhr, Okt./ Nov. und März 9–17 Uhr).

Info
Tourist-Information
• Kirchplatz 2
  79183 Waldkirch

Tel. 0 76 81/1 94 33
www.zweitaelerland.de

Hotel

Pension Imhof €

Nette kleine Pension ohne Frühstücks-
service, freundliche Gastgeberinnen.

• Hödlerstr 45
  Tel. 0 76 81/66 63
  www.pension-imhof.de

Restaurant

Suggenbad €€

Hotelrestaurant mit gepflegter, gemütlicher Atmosphäre, wunderschöne Ka-
chelofenstube, Spezialitäten wie Rost-
braten und Rösti, feine Fischgerichte.

• Suggental, 5 km südlich von Waldkirch
  Tel. 0 76 81/80 91
  www.suggenbad.de

Ausflug auf den
Kandel 26 [B6]

Die Straße auf den 1241 m hohen
Kandel, Waldkirchs Hausberg, überwindet 1000 Höhenmeter und endet auf den großen Parkplätzen, wo
an sonnigen Winterwochenenden
die »Flüchtlinge« aus den Nebeltä-
lern ihre Fahrzeuge abstellen, um
Schnee und blauen Himmel zu genießen. Beliebt ist der Gipfel auch
bei Drachenfliegern, die hier in
Richtung Elztal starten.

Die Baar

Villingen-
Schwenningen 27 [D6]

Die Doppelstadt ist mit 82 000 Einwohnern das wirtschaftliche und
kulturelle Zentrum des Mittleren
Schwarzwalds.

Die Zähringerstadt Villingen
wurde im 11. Jh. mit kreuzförmi-
gem Grundriss angelegt. Der Mau-
erring, das Ursulinen-, Benedikti-
ner- und Franziskanerkloster, die
Wehr- und Tortürme, bemalte Patrizierhäuser und prächtige schmie-
deeiserne Aushängeschilder der
zahlreichen gastronomischen Be-
triebe tragen zum Flair des Ortes
bei. Ende des 12. Jhs. entstand das
Liebfrauenmünster.

Ein spätgotischer Stufengiebel
kennzeichnet das **Alte Rathaus** am
Münsterplatz, das im 16. Jh. im Stil
der Renaissance modernisiert wurde. Eine Sehenswürdigkeit aus dem
Jahre 1992 ist der von Klaus Ring-
wald geschaffene **Münsterbrunnen**,
der alle kunsthistorischen Epochen
mit Szenen der Stadtgeschichte il-
lustriert.

Auf dem Münsterplatz zieht ein
großer ❗ Wochenmarkt mit regionalen Produkten auch viele Kunden
von außerhalb an (Sa 6.30-12.45
Uhr, April-Dez auch Mi).

Das **Franziskanermuseum** widmet
sich der Stadtgeschichte und Volks-
kunde (Rietgasse 2, Di–Sa 13–17, So
11–17 Uhr). **50 Dinge** 28 › S. 15.

In Schwenningen lohnt sich ein
Besuch im **Lebendigen Uhrenindustriemuseum** in der ersten württembergischen Uhrenfabrik (Bürkstr.
39, Tel. 0 77 20/3 80 44, www.uhren
industriemuseum.de, Di–So 10–12,
14–18 Uhr).

Über 40 Flugzeuge sind im privat
aufgebauten **Internationalen Luft-
fahrtmuseum** ausgestellt (Spittel-
bronner Weg 78, Mo–So 9–19, Nov.
bis Feb. 9–17 Uhr).

Info

Tourist-Information
- Rietgasse 2
  78050 Villingen-Schwenningen
  Tel. 0 77 21/82 23 40
  www.tourismus-vs.de

Hotel/Restaurant

Hotel Kurcafé Bosse €€

Im Kurgebiet, am nordwestlichen Orts-rand von Villingen. Komfortable, zum Teil nach Themen gestylte Zimmer. Sehr gutes Restaurant mit saisonal ausge-richteten Speisen.
- Oberförster Ganter-Str. 9–11
  Tel. 5 80 11 | www.hotel-bosse.de

Café

Café Dammert €

Beste Konditorware, schöne Terrasse.
50 Dinge ⑬ › S. 13.
- Rietstr. 30 | Tel. 0 77 21/9 98 21 88

Königsfeld 28 [C5]

»Die Zeit in Königsfeld war die schönste meines Lebens«, schrieb Albert Schweitzer über den lang-jährigen Wohnsitz seiner Familie, zu der er sich zurückzog, wann im-mer er sich von seinem Kranken-hausprojekt im zentralafrikanischen Lambaréné frei machen konnte. Sein Wohnhaus ist heute als **Muse-um** zugänglich (Albert-Schweitzer-Weg, Fr/Sa 14–17, So 11–17 Uhr). Der heilklimatische Kurort (6000 Einwohner; 763 m) ist eine planmä-ßige Gründung der evangelischen **Herrnhuter Brüdergemeine** Anfang des 19. Jhs. Im Ortskern erinnern etliche spätbarocke Häuser an die Tradition der Herrnhuter. Golfer schätzen den 18-Loch-Platz.

Info

Tourist-Info
- Rathausstr. 9
  78126 Königsfeld
  Tel. 0 77 25/80 09 45
  www.koenigsfeld.de

Restaurant

Park Café Stern €

Freundliches Café-Restaurant mit zum Kurpark ausgerichteter Terrasse.
- Sebastian-Kneipp-Weg 1
  Tel. 0 77 25/91 57 08
  Di geschl.

Bad Dürrheim 29 [D6]

Unter dem Soleheilbad (13 000 Ein-wohner; 733 m) schlummern aus-giebige Salzstöcke, die bis ins 20. Jh. zur Salzgewinnung dienten. Zwei Bohrtürme zeugen noch von der in-dustriellen Vergangenheit. Die Sole mit einem Salzgehalt von 27 % wird heute im Kurbetrieb u. a. bei Rheu-ma und Erkrankungen der Atem-wege angewendet.

Besuchermagnet der kleinen Kurstadt ist das großzügig kon-zipierte Wellness- und Gesund-heitszentrum **Solemar** mit Sole-becken, Schwarzwaldsauna und Totes-Meer-Salzgrotte. In einem therapeutischen Trainingszentrum werden u. a. Aqua-Kurse und Medi-cal Wellness angeboten (www.sole mar.de, tgl. 9–22 Uhr).

Einen Blick wert sind die sich ge-genüberstehenden schmucken zwei **Rathausgebäude,** in denen einst die Verwaltung der Salinen unterge-bracht war. Ein fünf Mal täglich er-tönendes Glockenspiel wechselt zu jeder Jahreszeit die Melodie.

Info

Tourist-Information

• Luisenstr. 7
78073 Bad-Dürrheim
Tel. 0 77 26/66 62 66
www.tourismus.badduerrheim.de

Rottweil 30 [D5]

Die Gegend um die am Neckar gelegene ehemalige Freie Reichsstadt
markiert bereits den Übergang vom
Schwarzwald zur Schwäbischen
Alb. Nicht ohne Stolz nennt sich
Rottweil (26 000 Einwohner; 507 bis
745 m) die älteste Stadt Baden-
Württembergs. Überreste eines unter Kaiser Trajan errichteten Bades
können im **Freilichtmuseum Römerbad** besichtigt werden (Hölder-/
Königstraße, Eintritt gratis und jederzeit). Neben einigen sehenswerten Bürgerhäusern und dem mit einer schönen Fassade ausgestatteten
Herderschen Haus, in dem das Stadtmuseum (Di–So 14–16 Uhr) eingerichtet ist, bilden vor allem die historischen Teile einer ehemaligen
Stadtbefestigung und das **Heilig-
Kreuz-Münster** die architektonischen Schaustücke der Kreisstadt.

Im Westen erhebt sich der über
50 m hohe **Hochturm,** von dem früher die Stadtwächter Ausschau nach
Feinden hielten. Ein bekanntes
Wahrzeichen ist das **Schwarze Tor,**
zur Zeit Kaiser Friedrichs II. erbaut
und später aufgestockt.

Info

Tourist-Information

• Hauptstr. 21–23 | 78628 Rottweil
Tel. 07 41/49 42 80
www.rottweil.de

»Fransenkleider« auf der Rottweiler Fasnet

SEITENBLICK

Der Rottweiler Narrensprung

Mit dem alljährlichen Narrensprung
liegt Rottweil ganz vorn auf der
Beliebtheitsskala der schwäbisch-
alemannischen Fasnet.

Mehr als 4000 farbenprächtig
gekleidete Narren mit kunstvoll
geschnitzten Holzmasken fallen am
Rosenmontag und Fasnachtsdienstag
pünktlich um 8 Uhr morgens durch
das Schwarze Tor in die Stadt Rottweil ein. Mit Schellen und Glöckchen
behängt, ziehen sie lärmend durch
die Straßen und treiben ihr närrisches
Unwesen. Angeführt von Reitern
strömen die Narren bei Marschmusik
in die Straßen, in genauer Abfolge,
weit vorn der Narrenengel, dahinter
der Schantle mit seinem Schirm, die
Gschellnarren im weißen Kleid.

Hotels

Haus zum Sternen €€
Romantikhotel, gutes Restaurant.
• Hauptstr. 60 | Tel. 07 41/5 33 00
  www.hotel-haus-zum-sternen.com

Ringhotel Johanniterbad €€
3-Sterne-Haus, schönes Gartenlokal.
• Johannsergasse 12
  Tel. 07 41/53 07 00
  www.johanniterbad.de

Restaurant

Weinstube Grimm €€–€
Offene baden-württembergische Weine
und eine gelungene Mischung aus
schwäbischer und mediterraner Küche.
• Oberamteigasse 5 | Tel. 07 41/68 30
  www.weinstube-grimm.de
  So Ruhetag

Donaueschingen **31** [D6]

Donaueschingen (21 000 Einwohner; 686 m) wurde 1723 Residenz
der Fürsten zu Fürstenberg, die u. a.
mit einer Brauerei zu Wohlstand
kamen und deren Bier heute international bekannt ist.

Im Zentrum stehen das hübsche
Jugendstilrathaus (1911) und etliche
ansehnliche Häuser mit Staffelgiebel. Das imposante **Schloss** aus der
Belle Époque ist nur im Rahmen
einer Führung zu besichtigen (April
bis Okt. So 14 Uhr). Im Schlosspark
sprudelt die **!** Quelle, die vom
Fürstenhaus als rechtmäßige Quelle
der Donau angesehen wird. Geografen sehen den Donauursprung
allerdings im Quellfluss Breg bei
Furtwangen › S. 92. Unbestritten
startet der bis Passau führende **Don-
auradweg** in Donaueschingen.

Kunsthistorisch interessant ist im
Karlsbau am Karlsplatz die **Fürsten-
berg-Sammlung** (www.fuersten
berg-kultur.de, April–Nov. Di–Sa
10–13, 14–17, So/Fei 10–17 Uhr).

Zu den kulturellen Höhepunkten
der Region gehören Uraufführun-
gen zeitgenössischer Tonkunst bei
den **Donaueschinger Musiktagen** im
Oktober.

Info

Tourist-Info
• Karlstr. 58 | 78166 Donaueschingen
  Tel. 07 71/85 72 21
  www.donaueschingen.de

Hotel

Öschberghof €€€
Modernes Golfhotel mit Pool und
feinem Restaurant.
• Golfplatz 1 | Tel. 07 71/8 40
  www.oeschberghof.de

Restaurant

Bräustüble €€–€
Fürstenberger Brauereigasthof mit badischer Küche und heimeliger Gaststube.
• Postplatz 1–4 | Tel. 07 71/36 69

Blumberg **32** [D7]

Südlich von Donaueschingen versteckt sich zwischen Wäldern und
Feldern das Städtchen Blumberg
(10 200 Einwohner; 704 m), das seine Bekanntheit vor allem einer von
1887 bis 1890 erbauten Museums-
bahn verdankt. Die Gleise der
Sauschwänzlebahn ziehen sich unweit von der Schweizer Grenze
zwischen Blumberg-Zollhaus und
Weizen 25 km weit durch eine reizvolle Gegend. Die Bahnstrecke ist

Unterwegs in der beeindruckenden Wutachschlucht

tatsächlich einem geringelten Sauschwanz vergleichbar. Sie verläuft über Viadukte und durch Tunnel, darunter den 1700 m langen Stockhalde Kreisverkehrstunnel, der im Berg zur Höhengewinnung einen 360-Grad-Zirkel beschreibt. (Das »Bähnle« fährt Mai bis Oktober, www.sauschwaenzlebahn.de.)

Die Wutach-
schlucht 33 ⭐ [C7]

Diese großartige und wilde Urlandschaft südöstlich von Löffingen ist ein bevorzugtes Gebiet für Wanderer und Naturfreunde. Beim Verlassen des Titisees trägt der Fluss noch den Namen Gutach, während er bei Kappel zur Wutach wird, einem ungezähmten Wasserlauf, der sich auf den knapp 30 km bis Blumberg im Laufe der Jahrtausende tief in Granit und Buntsandstein einschnitt. Mit ungeheurer Kraft baggerte das Wasser gigantische Geröllmassen aus und schuf einen bis zu 200 m tiefen Canyon.

Das Naturschutzgebiet ist eine Enklave für seltene Pflanzen wie Frauenschuh, Türkenbund, Nelkengewächse, Rotes Waldvöglein und Bärwurz. An Vogelarten können Zaunkönig und Eisvogel, an Schmetterlingen über 500 Arten beobachtet werden.

❗ Wildnis pur verspricht eine ungefähr fünfstündige Wanderung, man startet am besten bei Boll nördlich von Bonndorf. Der teilweise in den Fels gehauene **Ludwig-Neumann-Weg** führt über die schönsten und romantischsten Strecken der Schlucht, über Felsgalerien und an Pestwurzwäldern vorbei.

Wer wenig Zeit hat, gelangt von Löffingen aus zur **Gartenwirtschaft Schattenmühle** (€–€€, 79843 Löttingen, Tel. 0 76 54/17 05, www.schattenmuehle.de, Mo und im Winter geschl.). Vom Wanderparkplatz dort führt ein 2 km langer Rundwanderweg zur **Lotenbachklamm** (festes Schuhwerk). Von Mai bis Oktober verkehrt am Wochenende ein Wanderbus der SBG zwischen Wutachmühle und Schattenmühle (www.bahn.de und Tel. 0 76 72/48 18 90).

Feuchter Spaß im Europa-Park Rust

Info
**Tourist-Information Bonndorf &
Ferienregion Wutachschlucht**
• Martinstr. 5 | 79848 Bonndorf
Tel. 0 77 03/76 07
www.wutachschlucht.de

Hotel
Möhringers Schwarzwaldhotel €€€
4-Sterne-Haus mit freundlichen Zimmern und Wellnessoase, guter Standpunkt für Ausflüge zur Wutachschlucht.
• Rothausstr. 7 | 79848 Bonndorf
Tel. 0 77 03/9 32 10
www.schwarzwaldhotel.com

Die Rheinebene

Europa-Park
Rust 34 ⭐ [A4]
Für Kinder ist der Europa-Park Rust schlichtweg das Paradies auf Erden. Der Erlebnispark bietet mit seinen Themenbereichen rund um Europa reichlich Vergnügen: Wildwasserbahn, Fjord-Rafting, Alpenexpress Enzian, Silver Star (Europas größte und höchste Achterbahn) und zahlreiche Shows.

Viele Besucher bleiben länger und mieten sich in einem der parkeigenen 4-Sterne-Hotels ein. Das Hauptpublikum sind junge Familien, etliche weniger abenteuerliche Fahrattraktionen sprechen aber auch Besucher im besten Alter an.

Info
Europa-Park
• 77977 Rust | A5 Ausfahrt Ettenheim
oder Herbolzheim
Tel. 0 78 22/77 66 88
www.europapark.de
Anfang April–Anfang Nov. tgl.
9–18 Uhr, in der Hauptsaison sowie in der Weihnachtszeit auch länger

Hotels
Die dem Europa-Park angeschlossenen Themenhotels **Santa Isabel**, **Bell Rock** und **Colosseo** sind ideal für Familien (€€€, Tel. 0 78 22/86 00).

Naturschutzgebiet
Taubergießen 35 [A4/5]
Wer es ruhiger angehen lassen will, dem bietet eine **Kahnfahrt** durch die Altrheinarme des Naturschutzgebiets Taubergießen bei Kappel-Grafenhausen Einblick in die ursprüngliche Rheinlandschaft (Tourist-Info Ettenheim, Rohanstr. 16, 77955 Ettenheim, Tel. 0 78 22/43 22 10, www.ettenheim.de). Die Wildnis ist ein Refugium für Orchideenarten, Frösche, Kormorane, Eis- und Brachvögel – und Myriaden von Schnaken. Ein dichtes Netz von Rad- und Wanderwegen erschließt die abwechslungsreiche Landschaft.

Hans-Baldung-Altar im Freiburger Münster

FREIBURG IM BREISGAU

Kleine Inspiration

Freiburg lockt mit dem berühmten Münster, der restaurierten Altstadt und gemütlichen Lokalen viele Besucher an. Zu den Schwarzwaldhöhen ist es nicht weit, der Hausberg Schauinsland lädt zu einem Ausflug ein.

Das Münster mit dem »schönsten Turm auf Erden«, historische Häuser, Reben inmitten der Stadt, die Baumwipfel des Schwarzwalds zum Greifen nah, etwas mehr Sonne als anderswo – und dafür weniger Hektik: Freiburg (220 000 Einwohner; 278 m) rangiert auf der Beliebtheitsskala deutscher Großstädte weit oben.

Freiburg ist das urbane Zentrum des Breisgau, einer Region in der Rheinebene, zu der auch der Kaiserstuhl und einige westliche Höhen und Täler des Schwarzwalds gehören. Die Innenstadt kann nur zu Fuß erkundet werden, wobei das schöne Kopfsteinpflaster mit Wappen und Zunftzeichen aus Rheinkieseln der Feind eines jeden Stöckelschuhs ist. Auch die Bächle, jene insgesamt 8 km langen schmalen Kanälchen, die die Innenstadt durchziehen, haben schon manchen aus dem Tritt gebracht. Im Mittelalter zur raschen Brandbekämpfung und Straßenreinigung angelegt, verleihen sie Freiburg heute eine individuelle Note.

Ein Muss für alle Besucher ist die Besichtigung des gotischen Münsters. Daneben gibt es etliche interessante Museen, und auch in Sachen Musik- und Theaterkultur hat die Universitätsstadt einiges zu bieten.

Doch das vielleicht schönste an der Breisgaumetropole ist es, bei einem Bummel durch die schmucken Altstadtgassen oder in einem Straßencafé das Flair aufzunehmen, das diese Stadt am Fuß der Schwarzwaldberge so lebenswert macht.

Blick vom Münsterturm auf den Münsterplatz

Touren in Freiburg

 **Nördliche Altstadt**

Route: **Neues Rathaus** › **Altes Rathaus** › **St. Martin** › **Haus zum Walfisch** › **Colombi-Schlössle** › **Basler Hof** › **Kornhaus** › **Münster Unserer Lieben Frau** › **Historisches Kaufhaus**

Karte: Seite 105
Dauer: 1 Tag
Praktische Hinweise:
- Alle städtischen Freiburger Museen haben Di–So von 10–17 Uhr geöffnet, Ausnahme ist das lediglich Sa 10–14 Uhr offene Fasnet-Museum.
- Ein Erlebnis ist der samstägliche Wochenmarkt am Münster, an den anderen Wochentagen wird zwar auch Markt gehalten, doch nur mit halber Kraft.
- Lohnende Stadtführungen werden von Freiburg Kultour, Rathausplatz 2–4, Tel. 07 61/2 90 74 47, www.freiburg-kultour.com angeboten.

Tour-Start: **Rund um den Rathausplatz**

Den Mittelpunkt auf dem Rathausplatz bildet der **Brunnen** mit der Statue des Franziskanermönchs Berthold Schwarz, der sich um 1354 als Alchimist in der Goldherstellung versuchte und dabei das (Schieß-) Pulver erfunden haben soll. Da dies offensichtlich den Chinesen schon im 11. Jh. gelungen war, gesteht man Berthold inzwischen zu, wenigstens als Erfinder der Steinbüchse in die Geschichte eingegangen zu sein.

An sonnigen Tagen sind die Straßencafés rappelvoll, die Freiburger und ihre Gäste genießen die stimmungsvolle Kulisse an dem von historischen Gebäuden eingefassten Platz. Gleich an der Ecke zur Rathausgasse liegt das **Neue Rathaus** Ⓐ [a1], das 1896 aus zwei Renaissance-Häusern entstand, die durch einen Mittelbau verbunden wurden. Im schönen Rathaushof spielt an Sommerabenden das kleine Wallgrabentheater, das im Keller um die Ecke sein Domizil hat.

Das **Alte Rathaus** Ⓑ [a1] rechts daneben mit den goldverzierten Fenstern und Türen stammt aus den Jahren 1557–1559, heute befindet sich darin die Tourist-Information. Um die Verwirrung perfekt zu machen, wartet die Turmstraße mit einem noch älteren Rathaus auf, das seit 1547 Gerichtslaube heißt. Im Haus Nr. 14 findet sich im Zunfthaus der Narren das kleine, entzückende **Fasnet-Museum** Ⓒ [a1], das die Geschichte der Alemannischen Fasnacht dokumentiert (Sa 10–14 Uhr, Tel. 07 61/50 81 43).

Am Ostteil des Rathausplatzes stand einst das Franziskanerkloster, das im 19. Jh. der Platzerweiterung weichen musste. Nur die Kirche **St. Martin** Ⓓ [b1] mit einem Kreuzrip-

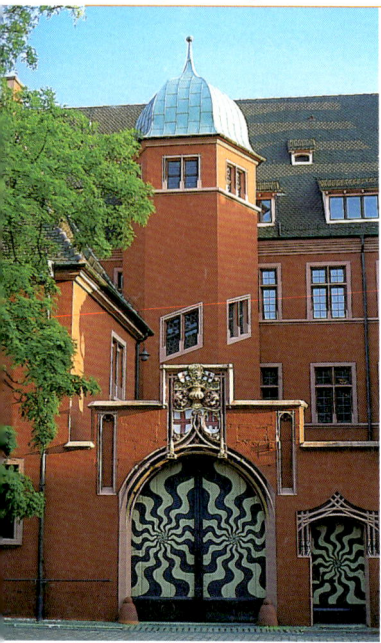
Das Haus zum Walfisch

pengewölbe (13. Jh.) blieb stehen.
Hier predigte 1884–1913 der Volks-
schriftsteller und Pfarrer Heinrich
Hansjakob.

Das rote **Haus zum Walfisch** **E**
[b1] in der Franziskanerstraße mit
dem spätgotischen Portalerker wurde 1516 für den Großschatzmeister
von Kaiser Maximilian I. fertigge-
stellt. Hier wohnte 1529–1531 der
Humanist und Katholik Erasmus
von Rotterdam nach seiner Flucht
aus dem reformierten Basel.

Beim Gang durch die **Rathausgasse** wird das Baukonzept der
Zähringer Stadtgründer deutlich:
Eng aneinander geschmiegte Häuser stehen mit der Traufseite zur
Straße und halten das für den Haus-
bau vorgeschriebene Maß von

50 × 100 Fuß ein. Viele Freiburger
Häuser tragen immer noch ihre
phantasiereichen alten Bezeichnun-
gen, wie etwa »Zum geharnischten
Mann«, »Zur kleinen Meise« oder
»Zur Waldaxt«.

Das Colombi-Schlössle

Auf einer ehemaligen Bastion des
Festungsrings wurde 1859 das neu-
gotische **Colombi-Schlössle** **F** **[a1]**
für die Witwe eines Diplomaten aus
Malaga erbaut. Das Schlösschen mit
dem schönen gusseisernen Trep-
penhaus beherbergt das städtische
Archäologische Museum mit Samm-
lungen von der Altsteinzeit bis ins
Spätmittelalter (Rotteckring 5, Tel.
07 61/201-25 71). Während die
kleine Rebanlage und der hübsche
Park tagsüber Treffpunkte für Studenten und Touristen sind, sollte
man bei Dunkelheit jedoch die Gegend besser meiden.

Rund um den Münsterplatz

An der »Kajo« (Kaiser-Joseph-Stra-
ße) liegt der **Basler Hof** **G** **[b1]**, den
sich der Kanzler Kaiser Maximili-
ans I. 1494–1496 aus sieben Häusern umbauen ließ. Der Name rührt
vom Basler Domkapitel her, das sich
nach der Reformation 1587–1677
hier im Exil befand. Heute ist der
Komplex Sitz des Freiburger Regie-
rungspräsidiums.

Das größte Gedränge herrscht
beim **Markt** auf dem Münsterplatz **!** mit seinen farbenprächti-
gen Blumen-, Obst- und Gemüse-
ständen (Mo–Sa bis 13 Uhr). Auf
der Südseite stehen Händler mit

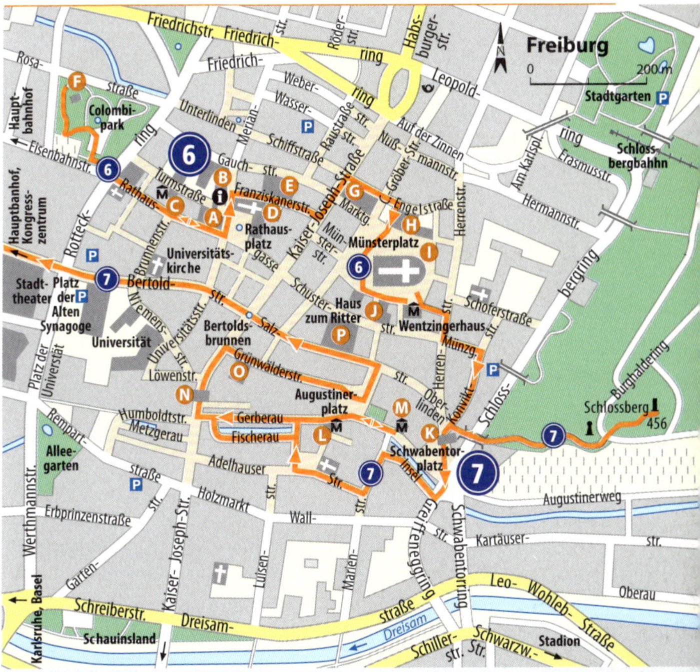

Touren in Freiburg

Tour ⑥

Nördliche Altstadt

Neues Rathaus › Altes Rathaus › St. Martin › Haus zum Walfisch › Colombi-Schlössle › Basler Hof › Kornhaus › Münster Unserer Lieben Frau › Historisches Kaufhaus

Ⓐ Neues Rathaus
Ⓑ Altes Rathaus
Ⓒ Fasnet-Museum
Ⓓ St. Martin
Ⓔ Haus zum Walfisch
Ⓕ Colombi-Schlössle
Ⓖ Basler Hof
Ⓗ Kornhaus
Ⓘ Münster Unserer
   Lieben Frau

Tour ⑦

Südliche Altstadt

Münsterplatz › Schwabentor › Natur- und Völkerkundemuseum › Augustinermuseum › Martinstor › Markthalle › Sickingen-Palais

Ⓙ Historisches Kaufhaus
Ⓚ Schwabentor
Ⓛ Natur- und Völker-
   kundemuseum
Ⓜ Augustinermuseum
Ⓝ Martinstor
Ⓞ Markthalle
Ⓟ Sickingen-Palais

105

Südfrüchten, vor dem Kornhaus auf der Nordseite verkaufen heimische Bauern ihre Erzeugnisse. Nach dem Bummel über den bunten Markt kann man sich in den Lokalen rund ums Münster ein badische Viertele gönnen. **50 Dinge** ⑭ › **S. 13.**

Das **Kornhaus** 🄷 [b1/2] stammte aus dem Jahre 1498 und wurde als Kornspeicher, Schlachthof und Tanzhalle genutzt. Wie so viele historische Gebäude wurde es beim Luftangriff vom 27. November 1944 zerstört und originalgetreu wiederhergestellt. In dem 1970 wieder errichteten Haus befindet sich heute eine Boutique.

Auf dem Weg zur westlichen Vorhalle des Münsters sieht man den **Fischbrunnen** von 1483. Hier findet im Frühsommer das Freiburger Weinfest statt.

Münster Unserer Lieben Frau ❶ ⭐❽ [b2]

Nach der Verleihung des Marktrechts durch den Zähringer Konrad im Jahre 1120 begann in Freiburg eine emsige Bautätigkeit. An der Stelle der Kirche, in der Bernhard von Clairvaux 1146 zum Kreuzzug aufgerufen hatte, wurde um 1200 der Grundstein für das Münster gelegt, das jedoch erst 1513, nach über 300 Baujahren (!), eingeweiht wurde.

Im wahrsten Sinne überragend ist der 116 m hohe **Turm,** der wie Stein gewordene Brüsseler Spitze in den Himmel ragt. Der 1340 vollendete, filigrane Turm mit dem 45 m hohen Helm beeindruckt durch die Leichtigkeit, mit der er nach oben strebt. Das Geheimnis des Baumeisters, der erstmals auf Eckverstrebungen verzichtete, waren verborgene Eisenanker, die dem Turm Stabilität verliehen. Später wurden der hochgotische **Chor** mit den 13 Stifterkapellen ausgebaut sowie die **Hahnentürme** erhöht.

So schön das Münster innen ist mit seinen farbigen Fenstern aus dem 13. bis 16. Jh. und dem 1516 von Hans Baldung (gen. Grien) geschaffenen **Hochaltar,** so beeindruckt es doch von außen am meisten: Die unzähligen Figuren, Madonnen, Engel und Wasserspeier lassen sich am besten bei einer Führung verstehen (Mo, Sa, So 14 Uhr, www.freiburgermuenster.info).

Weinfest am Münsterplatz mit dem Historischen Kaufhaus

Zum Münsterbesuch gehört auch ein Aufstieg in die **Turmwächterstube,** zu der man über 206 Treppenstufen gelangt, vorbei an der Glocke Hosanna (1258), die freitags um 11 Uhr schlägt, bis hinauf zur Plattform, wo ein Blick bis in die Vogesen die Mühe belohnt (Turm Di–Sa 10–16.45, So/Fei 13–17 Uhr).

Auf der Südseite des Münsters steht das Barockpalais der Breisgauer Ritterschaft, das seit 1832 als **Erzbischöfliches Palais** dient.

Historisches Kaufhaus ❶ [b2]

Weiter östlich springt das Kaufhaus (um 1520) durch seine rostrote Farbe, den Arkadengang, die Treppengiebel und zwei wappengeschmückte Erker ins Auge. Die Wappen zeigen die Habsburger Besitzungen zur Regierungszeit Kaiser Karls V. Nachdem die Freiburger sich 1368 von den Grafen von Freiburg losgekauft hatten, stand die Stadt, lediglich unterbrochen von kurzzeitigen Einfällen der Franzosen, fast 300 Jahre unter vorderösterreichischer Verwaltung.

Von links nach rechts stellen die Figuren an der Fassade Kaiser Maximilian I., seinen Sohn Philipp den Schönen, Kaiser Karl V. und König Ferdinand I. dar. Die Stadt nutzte das Gebäude unter anderem als Zollhaus; heute finden hier Veranstaltungen statt.

Wentzingerhaus

In dem benachbarten Haus zum Schönen Eck von Christian Wentzinger, einem der bedeutendsten

Barockarchitekten am Oberrhein, 1761–1765 errichtet, zeigt heute das stadt. **Museum für Stadtgeschichte** die wechselhafte Historie Freiburgs.

Tour 7 Südliche Altstadt

Route: **Münsterplatz** › **Schwabentor** › **Natur- und Völkerkundemuseum** › **Augustinermuseum** › **Martinstor** › **Markthalle** › **Sickingen-Palais**

Karte: Seite 105
Dauer: 1 Tag
Praktische Hinweise:
• Alle städtischen Freiburger Museen haben Di–So von 10–17 Uhr geöffnet. Für die Sammlung im Augustinermuseum sollte man mindestens zwei Stunden einplanen.

Tour-Start: Schwabentor und Schlossberg

Vom Münsterplatz gelangt man über die Münzgasse in die **Konviktstraße** mit hübschen kleinen Geschäften und Lokalen. Angeblich Deutschlands ältestes Gasthaus ist der **Rote Bären** (1387) in Oberlinden, kurz vor dem **Schwabentor** ❸ [b2], durch das im Mittelalter Händler in die Stadt zogen. Die Turmstube beherbergt das Privatmuseum Zinnfigurenklause mit vielen Dioramen. Eine Fußgängerbrücke führt zum **Schlossberg,** dessen Panoramaweg vom Greiffenegg Schlössle (www.greiffenegg.de) zum

Die interessantesten Märkte

• Auf dem **Freudenstädter Wochenmarkt** haben Händler und Kunden das Vergnügen, auf dem größten Marktplatz Deutschlands zusammenzukommen (Di und Fr). › S. 64

• In vielen Orten gibt es im Sommerhalbjahr kleinere **Naturparkmärkte**, auf denen neben guten Produkten aus der Region auch altes Handwerk gezeigt wird, oft begleitet von einem folkloristischen Rahmenprogramm. Einer der größten Märkte dieser Art wird am **Ruhestein** abgehalten. › S. 66

• Internationaler Treff von Sammlern und Freunden antiker Uhren ist die **Antik-Uhrenbörse** im August in **Furtwangen**. Neben alten Taschen- und Armbanduhren wechselt natürlich auch die eine oder andere historische Schwarzwalduhr den Besitzer. › S. 93

• Auch auf dem Münsterplatz in **Villingen** wird vor dem historischen Rathaus ein bunter **Wochenmarkt** mit viel frischem Grünzeug aus der Region abgehalten (samstags, April–Dez. auch mittwochs). › S. 95

• Stimmungsvoll ist der **Freiburger Münstermarkt** rund um den »schönsten Turm auf Erden«, ganz besonders am Samstag. › S. 104

Restaurant Dattler (www.dattler.de) verläuft. In ca. 20 Minuten erreicht man von hier den Aussichtsturm. Wer nicht gut zu Fuß ist, kann vom Stadtgarten unterhalb des »Dattler« die kleine Seilbahn benutzen.

Der Augustinerplatz

Ein malerischer Winkel Freiburgs ist die Insel unterhalb des Schwabentors mit der Ölmühle, von der aus eine Brücke zum Augustinerplatz mit dem 2009 neu gestalteten städtischen **Natur- und Völkerkundemuseum** ● [b2] führt. Der Platz ist in warmen Sommernächten eine beliebte Open-Air-Bühne für Straßenkünstler und -musikanten. Nur einen Steinwurf entfernt liegt der zur Institution gewordene **Feierling-Biergarten** › S. 110 mit schattenspendenden Kastanienbäumen. Es lohnt sich ein Bummel durch die anschließende **Gerberau** mit vielen hübschen kleinen Läden in Richtung Martinstor.

Im Komplex des 1278 gegründeten Augustiner-Eremiten-Klosters ist das städtische **Augustinermuseum** ⓜ [b2] mit zahlreichen Kirchenschätzen und einer Kunstsammlung untergebracht. Beim Festival Sommerklang erklingt Barockmusik im Innenhof des Klosters. 50 Dinge ㉘ › S. 15.

Parallel zur Gerberau verläuft die idyllische Fischerau mit der barocken Kirche des **Adelhauser Neuklosters** und dem städtischen **Museum für Neue Kunst** (Marienstr. 10a). Zu der Sammlung gehören Werke von August Macke, Paula Modersohn-Becker und Lyoner Feininger.

Für eine Stärkung danach bieten sich das gemütliche Museumscafé an. **50 Dinge** ㊲ › S. 16.

Vom Martinstor Ⓝ [a2] zum Bahnhof

Das Martinstor mit dem Turm von 1220 wurde 1901 aufgestockt. Ein Anziehungspunkt ist die **Markthalle** Ⓞ **[b2]** mit ihren ethnischen Küchen. Freitag und Samstag gibt es Livemusik (20–2 Uhr). Im kleinen Stehcafé Kolben-Kaffee-Akademie neben dem Stadttor trifft sich alles vom Studenten bis zum Professor. Nachtschwärmer ziehen in die Diskos zwischen Martinstor und Universität.

Die Fassaden der **Deutschordenskommende** (1768) von Bagnato und des ungefähr gleichalten **Sickingen-Palais** Ⓟ **[b2]** wurden originalgetreu wieder aufgebaut.

Die Bertoldstraße zum Bahnhof säumen die Alte Universität, die barocke **Universitätskirche** und die Uni-Gebäude. Großstädtisch wirkt der Komplex am Theater mit vielen Geschäften, Lokalen und einem Kinocenter. Beim modernen **Bahnhof** liegt auch das Konzerthaus, Freiburgs Kultur- und Kongresszentrum. Das **Planetarium** am Hauptbahnhof bietet der ganzen Familie eine Multimediareise durch den Kosmos (Bismarckallee 7g, www.planetarium-freiburg.de).

Seepark und Mundenhof

Mit der Straßenbahnlinie 1 nach Nordwesten gelangt man zum **Seepark** (einstiges Landesgartenschaugelände) – zum Sonnenbaden, Minigolf spielen, Boot fahren oder zum Sonntagsbrunch im »Lago« .

Man kann auch mit derselben Straßenbahnlinie einen Ausflug zum **Mundenhof** machen, einem kleinen Zoo mit schönem Biergarten (an der Paduaallee umsteigen in Bus 19; für Autofahrer ausgeschildert, jederzeit geöffnet, Eintritt gratis, Parkgebühr). Ende Juni findet hier das Zelt-Musik-Festival statt.

Infos

Tourist-Information
• Rathausplatz 2–4 | 79098 Freiburg
Tel. 07 61/3 88 18 80
www.freiburg.de

Mit der günstigen Tages- oder Monats-Regiokarte der VAG kommt man per Zug oder Bus bis in den Schwarzwald oder ins Markgräflerland.
VAG-Kundenzentrum pluspunkt
• Salzstr. 3 | Tel. 07 61/45 11-5 00

An Wochenenden transportieren spezielle Radbusse der **Südbadenbus GmbH (SBG)** Drahtesel mit Fahrer.
• Mai–Okt. | Tel. 07 61/36 80 30

Hotels

Colombi €€€
Luxushotel mit 120 Zimmern und Suiten, Beautyfarm. Die Sterneküche bietet Feinschmeckerkochkurse.
• Rotteckring 16 (am Colombipark)
Tel. 07 61/2 10 60 | www.colombi.de

Ringhotel Zum Roten Bären €€€
Deutschlands ältester Gasthof vereint historisches Ambiente mit modernem Komfort; gehobene Küche.

- Oberlinden 12
  Tel. 07 61/38 78 70
  www.roter-baeren.de

Victoria €€€–€€

Mit Umweltpreisen ausgezeichnetes
Ökohotel am Colombipark. Zimmer teils
mit Stuck, Parkett und XL-Betten.
- Eisenbahnstr. 54 | Tel. 07 61/20 73 40
  www.hotel-victoria.de

Black Forest Hostel €

Alternative Unterkunft für Selbstversor-
ger in einer ehemaligen Fabrik (Ein- und
Mehrbettzimmer), nahe Innenstadt.
- Kartäuserstr. 33
  Tel. 07 61/8 81 78-70
  www.blackforest-hostel.de

Restaurants

Oberkirch €€€

Hotelrestaurant mit gemütlicher Atmo-
sphäre und klassische badische Küche.
- Münsterplatz 22
  Tel. 07 61/2 02 68 68
  www.hotel-oberkirch.de
  So geschl.

Tizio €€–€

Trattoria mit Trüffelspezialitäten und An-
tipasti vom Büfett.
- Rotteckring 14/Ecke Rathausgasse
  Tel. 07 61/2 92 57 11
  www.tizio-freiburg.de
  So geschl.

Zum Löwen €€–€

Regionale Küche, heimelige Atmosphäre, sonntags badischer Mittagstisch.
- Stadtteil Lehen | Breisgauer Str. 62
  Tel. 07 61/8 22 16
  www.zum-loewen-freiburg-lehen.de
  Mo und Di geschl.

Feierling €

Populäre Hausbrauerei mit Biergarten.
Zum naturtrüben Bio-Inselhopf isst man
ein Inselschnitzel mit Bratkartoffeln.
- Gerberau 46 | Tel. 07 61/24 34 80
  www.feierling.de

Löwen €

Für seine Schweinshaxen bekannt, die
man hier bis 3 Uhr morgens serviert!
- Herrenstr. 47 | Tel. 07 61/3 68 89 90
  www.hotelloewen.de

Omas Küche €

Szene-Lokal mit nettem Garten im tren-
digen Wiehre-Viertel, mit tgl. durchge-
hend warmer Küche, die gar nicht so alt-
modisch daherkommt. Sonntags trifft
man sich zum Brunch.
- Hildastraße 66 | Tel. 07 61/7 86 86
  www.omas-kueche.de

Nightlife

Jazz-Haus

In dem Gewölbekeller steht Livemusik
von Free Jazz bis Country auf dem
Programm. Hier werden auch Blues- und
Tango-Festivals veranstaltet.
- Schnewlinstr. 1 | Tel. 07 61/3 49 73
  www.jazzhaus.de

Waldsee

Kneipe mit Livemusik (z. B. jeden Di Jazz
ohne Stress); mit Seeterrasse, tagsüber
Bootsverleih.
- Waldseestr. 84 | Tel. 07 61/7 36 88
  www.waldsee-freiburg.de

Shopping

Große Kaufhäuser der bekannten
Warenhausketten finden sich in der Kai-
ser-Joseph-Straße, heimeliger geben sich
die kleinen Läden in der Gerberau.

Am Münsterplatz lädt in der denkmalgeschützten Alten Hauptwache von 1733 das **Haus der Badischen Weine** nach Anmeldung zu einer Kostprobe ausgesuchter Spitzenprodukte der Winzergenossenschaften ein.

- Münsterplatz 38
  Tel. 07 61/20 28 70
  www.alte-wache.com

In der **Confiserie Rafael Mutter** gibt es feinste Schokoladen aus eigener Herstellung. **50 Dinge** ⑲ › S. 14.

- Gerberau 3
  Tel. 07 61/29 27 14-1
  www.confiserie-rafael-mutter.de

Ausflug auf den Schauinsland [A6]

Welch ein sprechender Name für den 1284 m hohen Hausberg Freiburgs! Vom Gipfel aus reicht – gutes Wetter vorausgesetzt – der Blick über die Vogesen, zur Hornisgrinde und sogar bis zum Mont Blanc in den Alpen. Der Schauinsland lockt als Wander- oder Skilanglaufgebiet, für manche ist er einfach eine Sonnenbank, wenn im Tal dicker Nebel hängt. Per Seilbahn in die Höhe gelangt man von der Gemeinde Horben aus (8 km südl. von Freiburg, Juli–Sept. 9–18, sonst 9–17 Uhr, www.schauinslandbahn.de).

Ein Spaß vor allem für Kinder ist ein Besuch im alten **Schniederlihof** in Hofsgrund. Dorthin führt ein halbstündiger Spaziergang von der Gipfelstation der Schauinslandbahn. Führer berichten engagiert über die Lebensweise in der angeblich so guten alten Zeit (Mai–Okt. Sa, So, Fei 11–16, Juli, Aug. und in

Schauinsland-Exkursion unter Tage

den Schulferien auch Di–Fr 12 bis 16 Uhr, Kombiticket erhältlich).

Mit einem Kombiticket der Schauinslandbahn kann man auch das **Museumsbergwerk** besuchen, das am Gipfelparkplatz des Schauinsland ausgeschildert ist (www.schauinsland.de, Mai/Juni und Sept./Okt. Mi, Sa, So, Fei 11–17, Juli/Aug. tgl. 11–17 Uhr, letzte Führung um 15.30 Uhr).

Hotel

Die Halde €€€

❗ Das Berghotel auf 1147 m punktet mit dem Panorama der Komfortzimmer, einem großen Wellnessangebot im neuen Badehaus und Wanderwegen direkt vor der Haustür. E-Bike-Verleih.

- 79254 Oberried-Hofgrund
  Tel. 0 76 02/9 44 70
  www.halde.com

DER SÜD-SCHWARZWALD

Kleine Inspiration

- **Die berühmte Schwarzwälder Kirschtorte** im Café Goldene Krone in St. Märgen kosten › S. 121
- **Das heimelige Ortsbild** von Burkheim auf dem Kaiserstuhl bewundern › S. 124
- **Den höchsten Berg des Schwarzwalds** auf dem Feldbergsteig erkunden › S. 126
- **Sich in die Geheimnisse des Schwarzwälder Schinkens** im Mattenhof in Todtmoos einweihen lassen › S. 130
- **Gehobene Gastronomie** und stilvolle Zimmer im Romantikhotel Spielweg im Münstertal genießen › S. 139

An Titisee und Schluchsee herrscht im Sommer lebhafter Badebetrieb, die Luftkurorte Hinterzarten oder Todtnau sind bekannte Wintersportorte. Markgräflerland und Kaiserstuhl locken mit ausgezeichneten Weinen.

Im Süden gehört der Hochschwarzwald rund um den Feldberg zu den bekanntesten Ferienregionen des Mittelgebirges. Die Pisten und Loipen am höchsten Berg des Schwarzwaldes sind zugleich einer der bedeutendsten deutschen Wintersportplätze außerhalb der Alpen.

Die fast zur Rennstrecke mutierten Bundesstraßen 31 und 500 mit den Besuchermagneten Titisee und Schluchsee leiden unter dem Fluch der Beliebtheit. Doch es gibt auch ruhigere Ecken: Die Bilderbuchkulisse der Luftkurorte St. Peter und St. Märgen lädt ebenso zu erholsamen oder auch sportlichen Wanderungen ein wie das sonnige Hochplateau rund um Breitnau. Richtig still wird es geradezu im Hotzenwald, der sich am besten auf Schusters Rappen entdecken lässt.

Wenn im sanft gewellten Hügelland des Markgräflerlandes der Forst schwindet, bilden Obstwiesen und Weingärten einen idyllischen Kontrast zu den aufstrebenden Höhen des Schwarzwalds. In der »Toskana Deutschlands« haben Gourmets angesichts der exzellenten Gastronomie und edlen Weine die Qual der Wahl. Ganz stilecht können die überzähligen Kalorien dann in den Thermalbädern von Badenweiler, Bad Bellingen oder Bad Krozingen abgearbeitet werden. Höhepunkt im Süden sind ein Besuch im Münstertal sowie ein Abstecher auf den Belchen mit tollem Blick auf die Alpen und über die Rheinebene.

Oben: Titisee-Neustadt ist im Sommer wie im Winter ein beliebter Urlaubsort
Links: Blick auf Weinberge im Südschwarzwald

Touren in der Region

 Rund um den Feldberg

Route: Hinterzarten › **Titisee** › **Schluchsee** › **St. Blasien** › **Bernau** › **Todtnau** › **Feldberg** › **Hinterzarten**

Karte: Seite 116
Strecke: 104 km
Dauer: 3–4 Tage

Praktische Hinweise:

- Für diese Tour wählt man am besten den Pkw, in der Hauptferienzeit ist allerdings auf der Auffahrt zum Feldberg mit hohem Verkehrsaufkommen zu rechnen.
- Alternativ bietet sich ab Bahnhof Titisee der Linienbus bis Feldberger Hof an, von dort erreicht man mit der Seilbahn den Seebuck (1448 m), von dem ein gut ausgetretener Weg auf den Feldberggipfel führt.
- Auch an Titisee und Schluchsee herrscht an Wochenenden meist Hochbetrieb, sodass man für eine Tour am besten auf einen Wochentag ausweicht.

Tour-Start:

Als Ausgangspunkt für die abwechslungsreiche Rundfahrt in der Feldbergregion bietet sich der Kurort **Hinterzarten** **1** › S. 118 an, der in der kalten Jahreszeit auch ein viel besuchter Wintersportplatz mit Skisprungschanze ist.

In **Titisee** **2** › S. 119 kann man auf der Seepromenade flanieren, eine Bootsfahrt unternehmen oder sich im Freibad erfrischen. Ein ähnliches Programm ermöglicht auch der Ort **Schluchsee** **6** › S. 122, der sich angesichts der großen Auswahl an Unterkünften auch zum Übernachten anbietet.

Es lohnt, ein paar Kilometer südöstlich vom See das Heimathüsli in **Rothaus** **7** › S. 123 zu besuchen. Im Brauereigasthof lädt das Bräustüble (www.brauereigasthof-rothaus.de) zu Vesper und Bier ein.

Vom Schluchsee aus erreicht man auf landschaftlich reizvoller Strecke über **St. Blasien** **14** › S. 130 mit imposantem Dom bald **Bernau** **12** › S. 128, das dem hier geborenen Schwarzwaldmaler Hans Thoma ein sehenswertes Museum gewidmet hat.

Todtnau **10** › S. 127 bietet sich zur Übernachtung an, denn außer den Wasserfällen, der Hauptattraktion, locken Wanderungen und die rund 3 km lange Coaster-Rodelbahn am Hasenhorn.

Höhepunkt der Rundtour ist im wahrsten Sinne des Wortes der **Feldberg** **9** › S. 126. Von seiner schönsten Seite zeigt sich der Schwarzwaldgipfel auf dem 12 km langen **Feldbergsteig** › S. 126. Ein Einkehrtipp ist der **Landgasthof Adler** in Feldberg-Bärental, der mit regionalen Produkten zu überzeugen weiß (Feldbergstraße 4, www. adler-feldberg.de).

Radweg Naturpark Südschwarz- wald

Route: Hinterzarten › Stühlingen › Bad Säckingen › Basel › Weil am Rhein › Bad Bellingen › Freiburg › Hinterzarten

Karte: Seite 117
Länge: Fahrstrecke 264 km
Dauer: 4–5 Tage
Praktische Hinweise:

- Die Streckenführung des Rundwegs ist raffinierterweise so angelegt, dass es bis auf kleinere Anstiege fast ausschließlich bergab geht. Nur der Wiederanstieg von Freiburg nach Hinterzarten ist steil und lang, doch kann er mit der Höllentalbahn überbrückt werden. Trotzdem sollte man für die bis zu 70 km langen Tagesetappen gute Kondition mitbringen.
- Eine Übersichtskarte und Höhenprofile bietet die Website www.naturpark-suedschwarzwald.de. Pauschal buchen kann man die Radreise inklusive Gepäcktransport bei Original Schwarzwald AG 79295 Sulzburg, Tel. 0 76 34/5 69 56 26, www.original-schwarzwald.de.

Tour-Start:

Ausgangspunkt des 2009 eröffneten Radweges ist **Hinterzarten** (885 m) **1** › S. 118. Über Titisee geht es in das alte Uhrenstädtchen **Lenzkirch** und von dort auf dem Bähnleradweg teils auf einer stillgelegten Bahntrasse über Bonndorf und durch das **Wutachtal** zum ersten Etappenziel **Stühlingen** (501 m) **8** › S. 123. Die Kleinstadt nahe der Schweizer Grenze ist zugleich ein bekannter Startpunkt für Wanderer, die ab hier auf dem **Schluchtensteig** › S. 123 eine der spektakulärsten Landschaften des Schwarzwalds entdecken können.

Am zweiten Tag senkt sich die Route nach Waldshut-Tiengen am Hochrhein ab, an dessen Ufer das Tagesziel **Bad Säckingen** **44** › S. 146 (291 m) erreicht wird.

Von der Trompeterstadt aus führt der Weg ins Dreiländereck: In Rheinfelden setzt man über die Rheinbrücke auf das Schweizer Flussufer über und erreicht via Kaiseraugst und Pratteln die Kantonshauptstadt **Basel,** wo mit Museen und dem Münster etliche hochkarätige Sehenswürdigkeiten warten (Infos: Basel Tourismus, Im Bahnhof SBB, 4010 Basel, Tel. 00 41 (0)61 268 68 68, www.basel.com). Nach Basel verläuft der Radweg ein kurzes Stück durch das Elsass, bis in Hunigue wieder auf die deutsche Seite von Väterchen Rhein gewechselt wird.

In **Weil am Rhein** **40** › S. 144 ist der Besuch des **Vitra Design Museums** das architektonische Highlight an der Strecke, die anschließend dem Oberrhein zum dritten Übernachtungsort **Bad Bellingen** (257 m) **38** › S. 144 folgt, dessen Balinea Thermen angenehme Entspannung versprechen.

Rechts der Schwarzwald, links die Vogesen – so radelt es sich weiter am Oberrhein entlang durch das Markgräflerland und den Breisgau nach **Freiburg** (278 m) › **S. 103**. Von dort kann man nach einem Besichtigungstag bequem mit der Bahn nach Hinterzarten zurückfahren.

Durch den Hotzenwald

Route: Todtmoos › St. Blasien › Häusern › Höchenschwand › Görwihl › Herrischried › Todtmoos

Karte: Seite 117
Länge: Fahrstrecke 66 km
Dauer: 2 Tage
Praktische Hinweise:
Der relativ dünn besiedelte Hotzenwald ist wenig durch öffentliche Verkehrsmittel erschlossen, sodass sich für die Rundfahrt eigentlich nur das eigene Fahrzeug anbietet.

Tour-Start:

Der Hotzenwald ist eine der stilleren Regionen im Schwarzwald, die bislang relativ wenig vom Tourismus vereinnahmt ist. Eine Ausnahme ist der Kurort **Todtmoos** **13** › **S. 129**, und natürlich zieht auch **St. Blasien** **14** › **S. 130** mit seinem monumentalen Dom viele Tagesausflügler an. Im kleinen Luftkurort **Häusern** trifft man auf die Schwarzwaldhöhenstraße (B 500), auf der bald **Höchenschwand** **15** › **S. 131** erreicht wird. Der auf einem Hochplateau gelegene Kurort ist für seine

Touren im Südschwarzwald

Tour **8**

Rund um den Feldberg

Hinterzarten › Titisee › Schluchsee › St. Blasien › Bernau › Todtnau › Feldberg › Hinterzarten

Panoramaaussicht bis zu den Alpen berühmt und bietet viele Übernachtungsmöglichkeiten.

Wieder zurück in Häusern folgt man dort weiter dem Albtal nach Süden. Den Mittelpunkt der reizvollen Talschaft bildet **Görwihl** 17 › S. 132. Hier kann man sich einer ÖkoRegio-Tour vom Naturschutzbund anschließen.

Tiefster Hotzenwald erwartet Besucher in **Herrischried** 18 › S. 132, wo ein über 400 Jahre alter Schwarzwaldhof zur Besichtigung offen steht, bevor die Tour nach Todtmoos zurückführt.

Unterwegs in der Region

Der Hochschwarzwald

Hinterzarten 1 [B6]

Die 1887 eröffnete Höllentalbahn machte den Ort (2600 Einwohner; 893 m) auf einer Hochfläche schnell zur beliebten Sommerfrische, v. a. Freiburger zog es in Scharen hierher. Wahrzeichen des Kurortes ist die kupferne Zwiebelhaube der **Wallfahrtskirche Maria in der Zarten**.

Auch im Ausland genießt Hinterzarten großes Ansehen. Dafür sorgte nicht zuletzt Georg Thoma, er machte mit seinem Olympiasieg von 1960 den Skisport im Schwarzwald populär. Dieter Thoma übertrumpfte gar seinen Onkel mit einem Dutzend Weltcup-Siege und dem Gewinn der Vierschanzentournee 1990. Trainingszentrum ist die **Adlerschanze** samt drei Nachwuchsschanzen.

Skifans sind im **Schwarzwälder Skimuseum** im alten Hugenhof richtig (www.schwarzwaelder-skimuseum.de, Di, Mi und Fr 15–17, Sa, So, Fei 12–17 Uhr). **50 Dinge** 5 › S. 12.

Info

Hinterzarten-Tourismus
• Freiburger Str. 1 | 79856 Hinterzarten
  Tel. 0 76 52/12 06-82 00
  www.hinterzarten.de

Hotels

Parkhotel Adler €€€
Schöne Zimmer und luxuriöse Bäder, ambitionierte Küche. Das Hotel ist Mitglied im noblen Kreis der Small Luxury Hotels of the World.
• Adlerplatz 3 | Tel. 0 76 52/12 70
  www.parkhoteladler.de

Thomahof €€€
Großes Haus (48 Zimmer) mit vielen Wellnessangeboten und Schönheitsfarm; gutes Restaurant mit regionalen Spezialitäten.
• Erlenbrucker Str. 16 | Tel.
  0 76 52/12 30
  www.hotel-thomahof.de

Sassenhof/Markgrafenresidenz €€
Familienhotel (17 Zimmer), Mini-Hallenbad, Sauna und Fitnessbereich. Eines der besten 3-Sterne-Häuser der Region.
• Adlerweg 17 | Tel. 0 76 52/91 81 90
  www.sassenhof.jimdo.com

Restaurants

Esche €€€

Der Schwarzwälder Kräuterpapst Josef Fehrenbach pflegt nicht nur eine ❗ feine Regionalküche, sondern bietet auch Kräuterseminare und -wanderungen an.

• Alpersbach 9 | Tel. 0 76 52/9 19 40 www.waldhotel-fehrenbach.de Mo und Di geschl.

Zum Holzschopf (bei Franco) €€–€

Pizza und Pasta im original Schwarzwälder Hüsli neben dem Kurhaus.

• Freiburger Str. 3a | Tel. 0 76 52/2 73 Mi geschl.

Café Unmüßig €

Die Traditionskonditorei offeriert allein rund 20 verschiedene Sahnetorten.

• Adlerweg 5 | Tel. 0 76 52/3 68

Ausflüge ab Hinterzarten

Ravennaschlucht

Auch für wenig Geübte bietet Hinterzarten schöne Wandermöglichkeiten. Mindestens drei Stunden nimmt der **Heimatpfad** in Anspruch, der durch das Löffeltal und die romantische **Ravennaschlucht** bis nach Breitnau führt, Busse sorgen von dort für den Rücktransport nach Hinterzarten.

Höllental

Die komfortabel ausgebaute B31 hat dem Höllental zwar viel von seiner Wildheit genommen, doch sobald man sich ein Stück von der Straße entfernt, wird es romantisch. Beim **Hirschsprung** nahe Himmelreich mit seinem traditionsreichen Gasthof ist die Felsschlucht nur 20 m breit.

Mitten im Höllental vermittelt ein Besuch der **Glashütte** am Hofgut Sternen das kunstvolle Handwerk der Glasbläserei (www.hofgut-sternen.de). An der Glashütte beginnt der markierte Aufstieg durch die Ravennaschlucht.

Stollenbacher Hütte

Ein Abstecher (13 km) führt durchs Höllental via Kirchzarten und Oberried zur Stollenbacher Hütte, wo die Straße am **Zastler** auf 1092 m Höhe endet. Der urige Berggasthof mit deftiger badischer Küche und Gästebetten bietet sich als Startpunkt für Wanderungen an (Tel. 0 76 61/45 19, www.stollenbacher huette.de, Mi geschl.).

Kindern gefällt der **Steinwasen-Bergwildpark** bei Oberried mit über 200 m langer Hängebrücke, Sommerrodelbahn und Gehegen mit über 30 Wildarten (www.steinwasenpark.de, Juli-Sept. 9–17.45, April/Mai/Juni/Okt 10–16.45 Uhr).

Titisee-Neustadt ② ⭐ [B6]

Der größte Natursee im Schwarzwald (2 km lang, 750 m breit) steht auf dem Programm vieler Busunternehmen, und entsprechend groß ist der Rummel um das Gewässer, auf dem sich Boote und Ausflugsschiffe tummeln. Eine schöne **Seepromenade** im Ort Titisee (11 800 Einw. inkl. Neustadt; 800–1200 m) lädt zum Sehen und Gesehenwerden ein. Natürlich bietet der heilklimatische Kurort Wander- und Wintersportgelegenheiten wie Rodeln, Eis- und Langlaufen. 60 km Loipen

Sommerdorado in den Schwarzwaldbergen: der Titisee

führen durch den verschneiten Winterwald. Und für alle, die lieber dem Zuschauersport frönen: Titisee besitzt mit der **Hochfirstschanze** eine der größten Skisprungschanzen der Welt (140 m), auf der Weltcup-Springen ausgetragen werden.

Neueste Attraktion in Titisee ist das **Badeparadies Schwarzwald,** wo auf fast 10 000 m² subtropisches Ambiente simuliert wird. Dazu gehören Wellenbad, Riesenrutschen, eine große Saunalandschaft und zahlreiche Wellnessangebote (www. badeparadies-schwarzwald.de). **50 Dinge** (41) › S. 17.

Info

Tourist-Information
• Strandbadstraße 4
  79822 Titisee-Neustadt
  Tel. 0 76 52/12 06-0
  www.titisee-neustadt.de

Hotels

Maritim Titisee-Hotel €€€
4-Sterne-Hotelpark mit eigenem See-zugang, Kaminbar, Hallenbad und Schönheitsfarm. Unbedingt nach einem Zimmer zur Seeseite fragen.
• Seestr. 16 | Tel. 0 76 51/80 80
  www.maritim.de

Seehotel Wiesler €€€
❗ Wellnesswochen mit Massagen und Wassergymnastik, Sauna, Dampf- und Pool bietet das mehrfach ausge-zeichnete Umwelthotel an.
• Strandbadstr. 5
  Tel. 0 76 51/9 80 90
  www.seehotel-wiesler.de

Treschers am See €€€
Luxus direkt am Seeufer; schöne Zimmer, Badelandschaft mit Wellness-angebot.
• Seestr. 10 | Tel. 0 76 51/80 50
  www.schwarzwaldhotel-trescher.de

Ausflüge von Titisee

Der Standardausflug ist eine Fahrt nach **Bärental** ❸ [B7], das man von Titisee auf der Straße über Bruder-halde oder mit dem Zug erreicht. Ein weiterführender Spaziergang ab dem Wanderparkplatz Kunzenmoos schließt den **Feldsee** am Fuße des Feldbergs ein, wobei der rund 300 Jahre alte (Ausflugs-) Gasthof **Raimartihof** (www.raimartihof.de, im Winter Di geschl.) direkt am Weg liegt.

Wer den Hochschwarzwald im Radsattel kennen lernen will, kann in Feldberg-Falkau Mountainbikes für Erwachsene und Kinder ausleihen (Hans Bauer, Benzenweg 3, 79868 Feldberg-Falkau, Tel. 0 76 55/6 23, www.feldberg-aktiv.de).

St. Märgen 4 [B6]

Der kleine Luftkurort (1900 Einw.; 895 m) liegt an der traumhaft schönen **Schwarzwald-Panoramastraße**, die von Hinterzarten über den Kandel nach Waldkirch führt. Die Häuser des Ferienortes scharen sich um die barocke Wallfahrtskirche **Maria Himmelfahrt**, deren Doppeltürme ein lokales Wahrzeichen sind.

Im Sommer lädt das **Naturfreibad** – ein kalter Natursee mit hervorragender Wasserqualität – zum erfrischenden Baden ein (tgl. 9–18 Uhr).

Im Mittelpunkt des alle drei Jahre im September stattfindenden **Tag des Schwarzwälder Pferdes** steht der für die Region typische Schwarzwälder Fuchs mit der blonden Mähne (nächster Termin 2016).

St. Märgen ist Ausgangspunkt zahlreicher kürzerer und längerer Wanderwege. Lohnend ist vor allem der 13 km lange Rundweg, der beim Hotel Hirschen beginnt und über die Rankmühle und den kleineren Hirschbachfall durch Bannwald bis zu den sehenswerten **Zweribachfällen** › S. 93 führt.

Info

Tourist-Information
• Rathausplatz 6 | 79274 St. Märgen
  Tel. 0 76 52/12 06-0
  www.st-maergen.de

Restaurant

Café Goldene Krone €
❗ Mit viel Engagement betriebene Landfrauenküche in der aufwändig restaurierten einstigen Klosterherberge.
• Wagensteigstr. 10
  Tel. 0 76 69/9 39 99 88
  www.cafe-goldene-krone.de
  Mo/Di Ruhetag

St. Peter 5 [B6]

In St. Peter (2400 Einwohner; 700 bis 1200 m) ließ Herzog Bertold II. von Zähringen Ende des 11. Jhs. ein **Benediktinerkloster** bauen, das barocke Gesicht erhielt die Klosteranlage ab 1720 durch den genialen Baumeister Peter Thumb. Noch prunkvoller als der barocke Kirchenraum ist die **Klosterbibliothek** im Rokokostil (Führungen, Anmeldung Tel. 0 76 60/9 10 10).

Die Kirche von St. Peter

Info

Tourist-Information
- Klosterhof 11
  79271 St. Peter
  Tel. 0 76 52/12 06-0
  www.st-peter-schwarzwald.de

Hotels

Jägerhaus €€
Am Ortsrand, freundliche Zimmer im Landhausstil, rustikales Restaurant und Mountainbikeverleih.
- Mühlegraben 18
  Tel. 0 76 60/9 40 00
  www.hotel-jaegerhaus.de

Zum Hirschen €€
Gasthof im Schwarzwälder Stil mit geräumigen Zimmern gegenüber vom Kloster.
- Bertoldplatz 1 | Tel. 0 76 60/2 04
  www.gasthof-hirschen.de

Restaurants

Hotel zur Sonne €€€–€€
Gastlichkeit mit Atmosphäre und viel gelobter Bio-Küche.
- Zähringerstr. 2 | Tel. 0 76 60/9 40 10
  www.sonneschwarzwald.de
  Mo geschl.

Plattenhof €
Auf einer Hochebene oberhalb von St. Peter; gemütliches Wirtshaus mit deftiger Kost, sehr schöne Gartenterrasse mit Seeblick.
- Platte 3 | Tel. 0 76 60/8 64
  Mo, Di geschl.

Schluchsee 6 [C7]

Rund 4000 Gästebetten machen Schluchsee (2500 Einw.; 952 m) zu einem der bedeutendsten Ferienorte im Schwarzwald. Eine 64 m hohe Staumauer ließ hier 1932 einen stattlichen See von 7,3 km Länge und 1,5 km Breite entstehen. Das schöne Gewässer mit vielen Badestellen ist ein Paradies für Wassersportler, darunter auch Taucher, und mit dem Ausflugsschiff »St. Nikolaus« lässt es sich bequem erkunden (www.seerundfahrten.de).
50 Dinge ② › S. 12.

Außerdem können sich Wasserratten im Sommer im **Spaßbad Aqua Fun** austoben (Fischbacher Straße 7, Mai–Sept. 9–19 Uhr).

Ein lohnender Spaziergang führt von Blasiwald zum Schluchseeufer und weiter zur Vesperstube **Unterkrummenhof** (Mo geschl.) in schöner Lage am Ufer.

Info

Tourist-Information
- Fischbachstr. 6 | 79859 Schluchsee
  Tel. 0 76 52/12 06-0
  www.schluchsee.de

Hotels

Vier Jahreszeiten am Schluchsee €€€
Mit 209 Zimmern größtes Hotel der Region in aussichtsreicher Hanglage, Tennis, Squash und großes Wellnessangebot mit Ayurveda-Bereich.
- Am Riesenbühl | Tel. 0 76 56/7 00
  www.vjz.de

Pension am See €€
Einfaches Hotel garni (14 Zimmer) nahe der B500, Liegewiese mit direktem Seezugang.
- Im Wolfsgrund 1 | Tel. 0 76 56/5 13
  www.pension-am-schluchsee.de

Restaurant

Sternen €€

Grundsolide Regionalküche (Mitglied bei den Naturparkwirten) im Zentrum.

• Dresselbachstr. 1
  Tel. 0 76 56/9 88 70
  www.sternen-schluchsee.de
  Do geschl.

Rothaus 7 [C7]

Biertrinkern könnte der nahe gelegene Ort Rothaus bei Grafenhausen ein Begriff sein. Die 1791 gegründete Badische Staatsbrauerei Rothaus betreibt dort einen **Brauereigasthof**, in dem ein zünftiges Vesper und gemütliche Zimmer zum Übernachten angeboten werden. Die fast 1000 m hoch gelegene Brauerei kann auf dem **Zäpfleweg** oder im Rahmen einer Führung (nach Anmeldung) besichtigt werden (www.rothaus.de, Tel. 0 77 48/5 22 96 00). **50 Dinge** ㉓ › S. 15.

Unweit von der Brauerei liegt das idyllische **Heimatmuseum Hüsli**. Das Schwarzwaldhaus wurde 1911 erbaut und mit originalen Teilen alter Höfe ausgestattet (Tel. 0 77 48/ 2 12, Di–Sa 10–12, 13.30–17 Uhr, So/Fei 13.30–17 Uhr).

Stühlingen 8 [C7]

Das Wahrzeichen der Kleinstadt (5000 Einwohner; 501 m) am südöstlichen Rand des Schwarzwalds ist das in Privatbesitz befindliche **Schloss Hohenlupfen** (1624). Der bäuerlichen Kultur widmet sich das **Bulldog- und Bauernmuseum,** in dem u. a. Oldtimer-Traktoren ausgestellt sind. Der Luftkurort ist eines der Eingangstore zum Natur-

Der Schluchsee

park Südschwarzwald und Radlern als Etappenort auf dem Radweg Südschwarzwald bekannt › S. 115. Eine Attraktion für Weitwanderer ist der in Stühlingen beginnende **Schluchtensteig,** der auf insgesamt 114 km in sechs Tagesetappen durch die Wutachschlucht, Haslachklamm und Wehraschlucht bis nach Wehr verläuft. Der streckenweise abenteuerliche Wanderweg ist von Anfang Mai bis Anfang November begehbar, auch Tagesetappen sind möglich (www.schluchtensteig-schwarzwald.de).

Info

Verkehrsamt Stühlingen

• Schlossstr. 9
  79778 Stühlingen
  Tel. 0 77 44/5 32-34
  www.stuehlingen.de

Hotel

Rebstock €€

Familiärer Landgasthof mit freundlichen Zimmern und hauseigener Brennerei, Restaurant mit regionaler Küche.

• Schlossstr. 10 | Tel. 0 77 44/9 21 20
  www.rebstock.eu

Paradies für Wintersportler

Ob Alpinski oder Langlauf, Ski- wandern oder Snowboardfahren, Rodeln oder Eislaufen – der Schwarzwald ist ein Wintersport- gebiet par excellence. Der winterliche Schwarzwald mit seinen »Idioten- hügeln«, mittelschwierigen oder langen, steilen Pisten bietet Anfän- gern wie Profis gleichermaßen un- begrenztes Skivergnügen und in Lagen über 1000 m auch relative Schneesicherheit.

Pistenrennen und Gipfelpartys

36 verschiedene Abfahrten gibt es allein am Feldberg. Anfänger kön- nen Ski- oder Snowboardkurse be- legen, Kinderprogramme sorgen dafür, dass schon die Kleinsten si- cher auf den Brettern stehen. Auch den Älteren wird hier unter dem Motto »Fun und Action« einiges geboten: von Snowboardveranstal- tungen und Gaudirennen bis zu Gipfelpartys.

Eine prominente Alpinskischule ist die des dreifachen deutschen Riesenslalom-Meisters Egon Hirt, die auch Kindern und Jugendlichen Kurse anbietet. Hier kann man auch Skier ausleihen.

• Spezielle Wintersport-Informationen und aktuelle Schneeberichte sind un- ter www.schwarzwald-tourismus.info abrufbar.

- **Skischule Thoma** [B6]
  Hier übt man sich in allem, was man
  auf zwei Brettern oder auf einem
  Snowboard anfangen kann.
  Im Feldberger Service- und
  Event-Center, Seebuck
  79856 Hinterzarten
  Tel. 0 76 76/9 26 88
  www.skischule-thoma.de
- **Skischule Hirt** [B6]
  79822 Titisee
  Tel. 0 76 51/9 22 80
  www.ski-hirt.de

Schneewandern

Wem Rummel und Action eher auf
die Nerven gehen, dem bieten die
zahlreichen Langlaufloipen eine
prima Alternative, geruhsam die
verschneite Winterlandschaft zu genießen. Ob auf Skiern (etwa bei
Lenzkirch durch die wildromantische Wutachschlucht, › S. 99) oder
auf Schneeschuhen (z. B. bei Seebach am Mummelsee › S. 64), das
Schneewandern ist ein Sporterleb-
nis für die ganze Familie. Auf dem
100 km langen **Skifernwanderweg**
(www.fernskiwanderweg.de) von
Schonach zum Belchen kann man
seine Ausdauer testen.

Was die meisten in mehreren
Tagesetappen bewältigen, schaffte
Olympiasieger Georg Thoma beim
Wälder-Cup in sage und schreibe
5 Stunden und 51 Minuten.

Doch auch für weniger kondi-
tionsstarke Läufer gibt es genügend
Alternativen. Praktisch jeder Win-
tersportort hat Loipen vor der
Haustür, von einfach bis anspruchs-
voll, für Nachtschwärmer auch einige mit Flutlicht (Auskunft erteilen

die Tourist-Informationen, eine
Übersicht im Internet bietet www.
loipenportal.de). Zu den schönsten
und populärsten Loipen gehört die
15 km lange **Thurnerspur** bei St.
Märgen › S. 121. Die Benutzung der
Loipen ist übrigens kostenfrei.

Eislaufen und Skispringen

Das gilt auch für das Eislaufen auf
dem **Titisee**, der im Winter ganz
oder zumindest teilweise zugefro-
ren ist und nicht nur ein maleri-
sches Bild abgibt, sondern auch zur
Bühne für viele kleine und große
Eistänzer wird.

Den Sprung von der hohen
Schanze sollte man dagegen den
Profis überlassen. Skispringen ist im
Schwarzwald ein überaus populärer
Zuschauersport. Wenn die deutschen Topspringer durch die Lüfte
fliegen und sich mit der Weltelite
messen, pilgern Zehntausende zur
Hochfirstschanze in Titisee-Neustadt › S. 119 und zur **Adlerschanze**
bei Hinterzarten › S. 118. Gesprun-
gen wird übrigens auch im Sommer,
dann statt auf Schnee auf einer mit
Wasser benetzten Anlaufspur aus
Keramikplatten.

Schlittenhunderennen

Zu den ausgefallensten winterlichen
Zuschauervergnügen gehören die
Schlittenhunderennen in Bernau
(Anfang Februar) und Todtmoos
(Ende Januar). Termine sind unter
www.bernau-schwarzwald.de und
www.todtmoos.de abrufbar. Man
kann auch selbst mit Huskys durch
den Schnee ziehen (Active Tours,
Feldberg, Tel. 01 71/5 22 08 75).

Der Reimartihof am Feldberg

Feldberg 9 ⭐ [B7]

Was der höchste Berg (1493 m) des Schwarzwalds auf seinem kahlen Buckel erleiden muss, gab zeitweilig Anlass zur Sorge. Die Quote von etwa 500 000 Sommerbesuchern pro Jahr hat mittlerweile einen Ranger auf den Plan gerufen, der das Umweltbewusstsein für die seltenen Alpenpflanzen und Hochmoore des seit 1938 unter Naturschutz stehenden Feldbergs fördern soll. Er zeigt bei geführten Wanderungen die Besonderheiten der subalpinen Insel im Mittelgebirge.

Im Haus der Natur an der Talstation der Seilbahn informiert das **Naturschutzzentrum Südschwarzwald** in einer interaktiven Ausstellung über die Ökologie des Südschwarzwalds; und über Rundwanderwege (www.naz-feldberg.de, Tel. 0 76 76/ 93 36-30, tgl. 10–17 Uhr, Nov.–Mai Mo geschl.).

Vom Großparkplatz am Haus der Natur erreicht man mit der Seilbahn (www.feldbergbahn.de, tgl. 9 bis 16.30 Uhr) das Bismarck-Denkmal und den **Feldbergturm** auf 1450 m Höhe. Von dort führt ein bequemer Wanderweg in 20 Minuten zum Feldberg-Gipfel.

❗ Zu den populärsten Wegen der Feldbergregion gehört der 12 km lange **Feldbergsteig,** der in vier Stunden zu bewältigen wäre, würden sich nicht etliche bewirtschafte Berghütten für mehr oder weniger lange Pausen anbieten.

Der Feldberg ist eines der schneesichersten Gebiete des Schwarzwalds. 26 Lifte, über 30 Abfahrtsstrecken, etliche Ski- und auch Snowboardschulen und kilometerlange Loipen lassen die Herzen der Wintersportler höher schlagen. Der Feldberg lohnt nur bei gutem Wetter. Vorab kann man sich über die Sichtverhältnisse auf www.regio webcam.de informieren.

Info
Tourist-Information
• Kirchgasse 1 | 79868 Feldberg
  Altglashütten
  Tel. 0 76 52/12 06-0
  www.feldberg-schwarzwald.de

Hotels
Feldberger Hof €€
Sehr familienfreundlich, nahe bei den Skiliften, mit Badelandschaft und Unterhaltungsprogramm.
• Dr. Spilet Spur 1 | Tel. 0 76 76/1 80
  www.feldberger-hof.de

Baldenweger Hütte €
Sommeralm mit einfachen Zimmern.
• Baldenweger Buck 24
  Tel. 0 76 76/3 53
  www.baldenweger-huette.de

Restaurant

Adler €€€–€€

Der Hotelgasthof mit guter Schwarzwälder Regionalküche ist Mitglied der Naturparkwirte Südschwarzwald. Spezialitäten sind Wildgerichte.

• Feldberg-Bärental | Feldbergstr. 4
Tel. 0 76 55/93 39 33
www.adler-feldberg.de

Todtnau 10 [B7]

Der Luftkurort Todtnau (5000 Einwohner; 659 m) ist das Herz des Todtnauer Ferienlandes, das allerdings außerhalb der Wintersportsaison ganz ruhig schlägt. Der kleine Ort besitzt 19 Schlepp- und zwei Sessellifte und kann sich rühmen, bereits 1891 den ersten Skiclub Deutschlands gegründet zu haben. Eine landschaftlich schöne Strecke führt hinauf Richtung Feldberg nach **Fahl** (5 km), im Winter Treffpunkt der geübten Skifahrer.

Im Winter bringt das 1020 m hohe **Hasenhorn** mit seiner 3,5 km langen, 20 % steilen Bahn den Skifahrern und Rodlern rasanten Spaß, im Sommer gehört der Berg Wanderern und Mountainbikern.

Auf dem Hasenhorn nimmt das Berggasthaus auch Übernachtungsgäste auf (€, Tel. 0 76 71/ 5 21, www. berggasthaus-hasenhorn.de). Der Berggasthof **Gisiboden** (€, Tel. 0 76 71/99 98 21, www.gisiboden.de, Do geschl.) liegt nur 3,5 km weiter. Wagemutige rasen in Schlitten die **Coaster-Rodelbahn** vom Hasenhorn abwärts. Die Schienenstrecke ist 2,9 km lang und überwindet dabei rund 400 Höhenmeter (www.hasen horn-rodelbahn.de).

Oberhalb vom Ortsteil Aftersteg kann man den 97 m hohen **Todtnauer Wasserfall** bewundern, bevor es auf einer schmalen Straße nach **Todtnauberg** hinaufgeht. Der Luftkurort in Panoramalage in über 1000 m Höhe ist das touristische Zentrum des Todtnauer Ferienlandes. **50 Dinge** 29 › S. 15.

!Erstklassig

Erlebnisreiche Wanderwege

• Der 800 m lange **Lotharpfad** am Schliffkopf macht auf eindrucksvolle Weise deutlich, wie sich auf einer Sturmwurffläche neuer Wald ohne menschliches Zutun entwickelt.
› S. 62, S. 66

• Von Sasbachwalden führt ein Steig durch die wildromantische, 1km lange Felsenschlucht der **Gaishölle**. › S. 73

• Von Ottenhöfen aus bieten sich gleich zwei Attraktionen: die **Gottschlägwasserfälle** und oberhalb davon der **Karlsruher Grat.** › S. 74

• Die **Breg-Quelle** beim Kolmenhof nahe Furtwangen ist auf einem bequemen Wanderweg erreichbar. › S. 93

• Boll ist ein guter Einstieg zu einer der spektakulärsten Schwarzwaldwanderungen in die **Wutachschlucht.** › S. 99

• Der **Feldbergsteig** erschließt als 12 km langer Rundweg den höchsten Berg des Schwarzwalds. › S. 126

Info

Tourist-Information
- Meinrad-Thoma-Str. 21
  79674 Todtnau
  Tel. 0 76 71/96 96 95
  www.hochschwarzwald.de

Hotels

**Hotel Engel und
Engelresidenz Roseneck** €€€
Familienfreundliche 4-Sterne-Anlage
im Ortskern mit rustikalen Hotel-
zimmern und modernen Ferienwohnungen. Kinderprogramm.
- Todtnauberg | Kurhausstr. 3
  Tel. 0 76 71/9 11 90
  www.engel-todtnauberg.de

**Wellness- und Vitalhotel
Mangler** €€€–€€
Das Ferienhotel im Landhausstil ver-
wöhnt seine Gäste mit Wellness,
Schlemmerbüffet und Vollwertküche.
- Todtnauberg | Ennerbachstr. 28
  Tel. 0 76 71/9 69 30
  www.mangler.de

Ausflug nach Präg 11 [B7]

Der Schwarzwald wie aus dem Bilderbuch präsentiert sich im unter
Ensembleschutz stehenden Präg,
einem Ortsteil von Todtnau: Schöne
alte Schwarzwaldhäuser, herrliche
Rundblicke und bodenständige
Gasthöfe bestimmen das Bild.

Bernau im
Schwarzwald 12 [B7]

Weit verstreut liegen die Häuser der
Gemeinde (1900 Einw.; 893 m) auf
einer nach Süden geöffneten Hochfläche von rund 8 km Länge. Den
Luftkurort umrahmen Höhen wie

der 1415 m hohe Aussichtsberg **Herzogenhorn**, wo ein Ski-Bundesleis-
tungszentrum arbeitet. Bernau ist
ein idyllischer und ruhiger Flecken
für Skiläufer und Wanderer. Radfahrer und Gleitschirmflieger finden ebenso Platz für ihr Hobby wie
besinnliche Gemüter, die sich
eher für Kammermusik oder Töp-
ferkurse erwärmen.

Im Ortsteil Innerlehen zeigt das
Hans-Thoma-Museum einen Teil der
Werke des in Bernau geborenen
Malers (1839–1924), hauptsächlich
sind naturalistische Landschaften,
Porträts und Stillleben ausgestellt
(Rathausstr. 18, www.hans-thoma-
museum.de; Mi–Fr 10.30–12 und
14–17, Sa/So 11.30–17 Uhr). All-
jährlich am zweiten Augustwochen-
ende findet der **Hans-Thoma-Tag** mit
Festzug, Kunst, Konzerten und
Brauchtumspflege statt.

Wie Kübel, Löffel oder Mause-
fallen im Nebenerwerb entstanden,
erfährt man im **Heimatmuseum Re-
senhof** aus dem Jahre 1789 (Pfings-
ten–Okt. Mi–So 14–17 Uhr).

Info

Tourist-Information
- Rathausstr. 18
  79872 Bernau im Schwarzwald
  Tel. 0 76 75/16 00 30
  www.bernau-schwarzwald.de

Hotels

Schwanen €€€–€€
Gemütliches Schwarzwaldhaus in der
Nähe des Loipenzentrums.
- Oberlehen
  Todtmooser Str. 17 | Tel. 0 76 75/3 48
  www.breggers-schwanen.de

Bernauer Hof €
Einfacher Gasthof am Fuß des Herzogenhorns; gefrühstückt wird in einer fast 400 Jahre alten Bauernstube.
• Hofstr. 11 | Tel. 0 76 75/3 61
  www.bernauerhof.de

Ausflug zur Krunkelbachhütte

Ein schöner Wanderweg führt ab Bernau-Dorf zur bewirtschafteten **Krunkelbachhütte** in 1294 m Höhe (Tel. 0 76 75/3 38, tgl. 9–19 Uhr, www.krunkelbach.de). Ein Naturlehrpfad leitet weiter bis zum Gipfel des Herzogenhorns.

Der Hotzenwald

Todtmoos 13 [B7]

Am Fuße des Hausbergs Hochkopf (1263 m) erstrecken sich zwischen Tälern und sanften Bergrücken die dreizehn Ortsteile des romantischen Schwarzwalddorfes und heilklimatischen Kurorts (2000 Einwohner; 820 m). Durch die so gut wie nebelfreie Lage und dank gesunder Höhenluft kann Todtmoos auf eine lange Kurtradition zurückblicken.

Einst kamen Großherzöge und sogar der russische Zar in das »Tote Moos«. Romantisch sind Pferdeschlittenfahrten und Fackelwanderungen durch den winterlichen Ort. Viel besucht wird die an ihrer Fassade reich bemalte barocke **Wallfahrtskirche Mariä Himmelfahrt**, die Fürstabt Gerbert aus St. Blasien 1770–1778 umgestalten ließ. Aus dem 14. Jh. stammt das Gnadenbild der Muttergottes im Hochaltar.

Im Hotzenwald bei Todtmoos

Die 700-jährige Ortsgeschichte präsentiert mit viel Liebe zum Detail das **Heimatmuseum** in einem historischen Schwarzwaldhaus (Murgtalstr. 15, Mi, Fr und So 14.30–17 Uhr).

Nervenkitzel bietet der **Hochseilgarten** (Tel. 0 76 74/ 92 10 55, www. hochseilgarten.com).

Info

Tourist-Info
• Wehratalstr. 19
  79682 Todtmoos
  Tel. 0 76 74/9 06 00
  www.todtmoos.de

Hotels

Hotel Rößle €€
4-Sterne-Haus mit feiner Küche, schönem Saunabereich und Wellnessangebot.
• Kapellenweg 2
  Tel. 0 76 74/9 06 60
  www.hotel-roessle.de

Die dominierende Kuppel über der Rotunde im Dom St. Blasien

Romantisches
Schwarzwald-Hotel €€
Behutsam modernisierter, fast 300 Jahre alter Bauernhof, badische Küche mit französischen Anleihen.
• Alte Dorfstr. 29 | Tel. 0 76 74/9 05 30
  www.romantisches-schwarzwald
  hotel.de

Restaurants
Maien €
Gemütliches Schwarzwaldhaus mit Zithermusik am Samstag (ab 19 Uhr).
• Hauptstr. 2 | Tel. 0 76 74/2 22

Mattenhof €
Rustikaler Gasthof im Ortsteil Hintertodtmoos mit deftiger Landküche.
❗ Beim Speckseminar des singenden Wirts Joachim Kaiser wird man in die Herstellung des Schwarzwälder Schinkenspecks eingeweiht (1,5 Std., 8,50 € inkl. Vesperbrett und Schnaps).
• Mattenweg 10 | Tel. 0 76 74/3 67
  www.mattenhof-todtmoos.de

Nightlife
Tanzlokal Schwarzwaldspitze
Lokal mit Alpen-Tipi, in dem Do–Sa die Post abgeht. Viel Disco und Rock.
• Jägermatt 2
  Tel. 0 76 74/92 10 60
  www.schwarzwaldspitze.de

St. Blasien 14 [B7]
Im Albtal erhebt sich über den heilklimatischen Kurort (3900 Einwohner; 770 m) die mächtige Kuppel der ehemaligen **Benediktinerabtei.** Das 858 gegründete Kloster übte einst beträchtliche Macht aus, ab 1746 wurden die Äbte zu Fürstäbten ernannt.

Ein Brand gab dem ehrgeizigen Fürstabt Martin Gerbert Gelegenheit, die Bedeutung des Klosters durch einen Neubau zu dokumentieren. 1783 weihte er den frühklassizistischen, mit 62 m Höhe und 36 m Durchmesser drittgrößten Kuppelbau Europas, ein. Im kühl wirkenden **Dom** ragen 20 weiße korinthische Säulen hoch hinauf in die Kuppel. Seit 1933 ist das ehemalige Kloster ein Jesuitenkolleg mit Internat. Neben der Attraktion des Doms bietet St. Blasien einen hübschen Kurpark mit barocker Sonnenuhr und etliche schmucke Bauten.

Info

Tourist-Information

• Kurgarten 1–3 | 79837 St. Blasien
  Tel. 0 76 52/12 06-0
  www.st.blasien.de

Hotel

Domhotel €€

Familiäres Haus in verkehrsberuhigter Lage, nur 15 Betten, Café-Restaurant mit saisonalen Spezialitäten.

• Hauptstr. 4 | Tel. 0 76 72/92 46 90
  www.dom-hotel-st-blasien.de

Höchenschwand 15 [B7]

Der auf einem Hochplateau auf 1015 m gelegene heilklimatische Ort (2200 Einw.) gehört zu den bevorzugten Zielen im Naturpark Südschwarzwald. Sein Beiname »Dorf am Himmel« rührt nicht nur von der Höhenlage her, sondern auch von dem Panorama, das sich bei Inversionswetterlagen bietet. Von hier aus gesehen scheint an solchen Tagen die Kette der Schweizer Alpen zum Greifen nah.

Info

Tourist-Information

• Dr.-Rudolf-Eberle-Str. 3
  79862 Höchenschwand
  Tel. 0 76 72/4 81 80
  www.hoechenschwand.de

Hotel

Hotel Nägele €€€–€€

Gut geführtes 3-Sterne-Haus in ruhiger Ortsrandlage. Einfache Ferienwohnungen in angeschlossenem Gästehaus.

• Bürgermeister-Huber-Str. 11
  Tel. 0 76 72/9 30 30
  www.hotel-naegele.de

Ausflüge von Höchenschwand

Ein ganz besonderes Paradies für Botaniker ist das **Naturschutzgebiet Tiefenhäuserner Moor,** das über die B500 erreichbar ist. Blumenfreunde sollten einen Abstecher ins weiter östlich liegende Örtchen **Nöggenschwiel** unternehmen, in dem Zehntausende Rosen blühen.

Dachsberg 16 [B7]

Der Erholungsort (1400 Einwohner; 842 m) auf der Westseite des Albtals ist ein Zusammenschluss der bis 1971 eigenständigen Ortschaften Wolpadingen, Wilfingen, Urberg und Wittenschwand (Verwaltungszentrum). Im Ortsteil Urberg informiert ein **Mineralienmuseum** über den einstigen Bergbaustandort. Wanderer können auf dem 7 km langen Bergbauwanderweg die Region erkunden, Kinder fühlen sich auf dem **Naturerlebnisplatz** eines stillgelegten Nickelbergwerks gut aufgehoben.

Info

Tourist-Information

• Rathausstr. 1
  79875 Dachsberg – Wittenschwand
  Tel. 0 76 72/99 05 11
  www.ferien-suedschwarzwald.de

Hotel

Dachsberger Hof €€–€
Familienhotel mit Hallenbad, Sauna und rustikaler Gaststube.
• Wittenschwand | Tel. 0 76 72/26 47
  www.dachsberger-hof.de

Görwihl **17** [B8]

In der waldreichen Gemeinde (4400 Einwohner; 612 m) kann man sich im **Heimatmuseum** (Ostern bis Okt. So 14–16 Uhr) über die Salpetersiederei informieren, die einst einer der Haupterwerbszweige im Hotzenwald war. Dazu ist eine alte Dorfschule zu bewundern.

Gemeinsam mit dem Naturschutzbund (NABU) schuf man die 10 km lange **ÖkoRegio-Tour** (Info unter www.ferienwelt-suedschwarzwald.de). Am Wanderweg liegen 15 Stationen: ein Vogellehrpfad, Biohöfe mit Hinterwälder Rindern (Europas kleinste Rinderrasse), sowie Heimatmuseen, Aussichtsplätze und die Vesperstube **Eichrüttehof** (€, Hartschwand, Tel. 0 77 54/12 62, www.eichruettehof.de).

Herrischried **18** [B8]

In dem Ferienort (2700 Einwohner; 884 m) steht im **Freilichtmuseum Klausenhof** einer der ältesten Schwarzwaldhöfe (1424) samt funktionstüchtiger Säge, die 1595 zum ersten Mal erwähnt wurde (Mai bis Okt. Mi, Sa, So 14.30–17.30 Uhr, sonst nur So). Beliebte Ausflugsziele sind der **Gugelturm** auf 997 m Höhe im Ortsteil Wehrhalden-Giersbach, das **Hornbergbecken** (1048 m) mitsamt der **Ödlandkapelle** von 1897. **50 Dinge** ㉓ › S. 15.

Info

Tourist-Information
• Hauptstr. 28 | 79737 Herrischried
  Tel. 0 77 64/92 00 40
  www.ruheforscher.de

Der Kaiserstuhl

Riegel **19** [A5]

Das schmucke Städtchen (3500 Einwohner; 195 m) besitzt einen schönen alten Stadtkern. Aus der Puste bringt Wanderer der Naturlehrpfad hinauf zum Michaelsberg (245 m). Dort öffnet sich vom Vorplatz der Michaelskapelle ein Panorama über die **Barockkirche St. Martin** bis hinüber zu den Vogesen.

Eisenbahnfans freuen sich auf eine Fahrt mit dem **Museumszüglein Rebenbummler**. Zu bestimmten Terminen dampft der Oldtimer auch mit Waggons von 1882 und 1929 quer durch die Reben und Obstgärten in Richtung Breisach. An Bord des Barwagens können etliche Weine aus der Region verkostet werden. Als Kombination bietet sich eine Schifffahrt ab Breisach › S. 134 an (Verkehrsbüro Endingen, www.rebenbummler.de).

In der **Kunsthalle Riegel** stellt die Messmer Foundation zeitgenössische Kunst aus, u. a. Werke von Salvador Dalí, Paul Klee und André Evard (Di–So 11–17 Uhr, www.kunsthalle messmer.de).

Info

Gemeindeverwaltung
• Hauptstr. 31 | 79359 Riegel
  Tel. 0 76 42/9 04 40
  www.riegel-im-kaiserstuhl.de

Restaurant

Riegeler Stammhaus €€–€
Ehemaliger Brauereigasthof mit wochentags preiswertem Mittagstisch. Badische Küche.

• Hauptstr. 29 | Tel. 0 76 42/93 05 60
www.riegeler-stammhaus.de
Mo geschl.

Endingen 20 [A5]

Pflaumen- und Kirschplantagen säumen die Straße in den Weinort Endingen (9000 Einw.; 186 m), der bereits Ende des 13. Jhs. das Stadtrecht erhielt und bis heute sein altes Ortsbild konservieren konnte. Mittelpunkt ist der **Marktplatz** mit einem spätgotischen Brunnen, dem Rathaus von 1527 und dem Kornhaus von 1617. Der spätbarocken Kirche **St. Peter** von 1775 ist der beginnende Klassizismus bereits anzusehen.

Beim Bummel durch die Stadt entdeckt man viele schöne Fachwerkbauten, etwa an der Dielenmarktstraße. Sonntags zwischen 14 und 17 Uhr kann im **Käsereimuseum** die Käseherstellung verfolgen (Rempartstr. 7).

Im schönen Fachwerkbau Üsenberger Hof aus dem 15. Jh. ist das **Vorderösterreich-Museum** untergebracht, das die habsburgische Vergangenheit Endingens dokumentiert (Adelshof 20).

Info

Kaiserstühler Verkehrsbüro

• Adelshof 20
79346 Endingen a. K.
Tel. 0 76 42/68 99 90
www.endingen.de

Achkarren, Ortsteil von Vogtsburg

Hotel

Dutters Stube €€
Winziges Hotel in einem Fachwerkhaus, mit Slow-Food-Restaurant.

• Winterstr. 28 | Kiechlinsbergen
Tel. 0 76 42/17 86
www.dutters-stube.de
Mo, Di geschl.

Restaurant

Schindlers Ratsstube €€
Badische Spezialitäten, gute Weine.

• Marktplatz 10 | Tel. 0 76 42/34 58
www.schindlers-ratsstube.de
So, Mo geschl.

Vogtsburg im Kaiserstuhl 21 [A5]

Im Herzen des Kaiserstuhls haben sich die sieben Weinhochburgen Achkarren, Bickensohl, Bischoffingen, Burkheim, Oberbergen, Oberrotweil und Schelingen zur Gemeinde Vogtsburg im Kaiserstuhl zusammengeschlossen.

Bei Oberbergen führt ein Natur-lehrpfad durch die **Naturschutzge-biete Badberg** und **Haselschacher Buck,** deren Fauna und Flora ein-malig sind. Im Mai und Juni ver-wandeln sich die Magerwiesen des Badbergs in ein blühendes Orchi-deenparadies.

Ein Kleinod besonderer Art be-sitzt die Friedhofskirche St. Michael in **Niederrotweil:** einen Schnitzaltar von 1525, vermutlich wie der Brei-sacher Altar, aus der Hand des un-bekannten Meisters H. L.

Inmitten des schönsten Teiles des Kaiserstuhls liegt das malerische Städtchen **Burkheim** ❗ mit seinem lauschigen Marktplatz, den hübsche Fachwerkgebäude säumen. Zu den architektonischen Kleinoden des Dorfes gehört das Rathaus von 1604 mit Renaissanceportal. Die Ruine der Burg zu Burkheim gibt beson-ders in den Abendstunden eine eindrucksvolle Kulisse ab. Roman-tische Gemüter genießen den Nachtwächter-Rundgang durch die Altstadt (Ostern–1. Nov. Mi/So um 22 Uhr). Ebenfalls mittelalterliches Flair kommt hier beim Kunsthand-werker-Markt Mitte Juni auf.

Info

Touristik-Information Vogtsburg i. K.
• Bahnhofsstr. 20
 79235 Vogtsburg-Oberrotweil
 Tel. 0 76 62/9 40 11
 www.vogtsburg-im-kaiserstuhl.de

Hotel

Posthotel Kreuz-Post €€
Familiengeführtes Landhotel inmitten von Weinbergen.

• Landstraße 1 | Vogtsburg-Burkheim
 Tel. 0 76 62/9 09 10
 www.kreuz-post.de

Restaurants

Schwarzer Adler €€€
Einer der besten, aber auch umstrittens-ten Winzer ist Franz Keller, dessen Res-taurant zu den exklusivsten Adressen des Kaiserstuhls gehört.
• Badbergstr. 23
 79235 Vogtsburg-Oberbergen
 Tel. 0 76 62/9 33 10
 www.franz-keller.de
 Mi/Do geschl.

Zum Kaiserstuhl €€
Hier werden die Speisen mit Wiesenker-bel, Löwenzahn, Brennnessel zubereitet.
• 79235 Niederrotweil
 Tel. 0 76 62/2 37
 So abends und Mo geschl.

Breisach am Rhein 22 ⭐ [A5]

Schon bei der Anfahrt ist das auf einem Hügel platzierte Städtchen (14 000 Einwohner; 225 m) mit sei-nem alles überragenden Münster nicht zu übersehen.

Bereits zu römischer Zeit befand sich auf dem Münsterberg ein Kas-tell. Im Mittelalter entwickelte sich hier ein bedeutender Handelsplatz. Ende des 12. Jhs. begann der Zäh-ringerherzog Bertold V. mit dem Bau einer Burg (im 18. Jh. zerstört) und eines 42 m tiefen Brunnens, dem **Radbrunnen,** der heute noch zu bewundern ist. Die deutsch-franzö-sische Grenzstadt war politisch stets umstritten: Mal war Breisach habs-burgisch, mal französisch – die je-

Ein Höhepunkt der Holzschnitzkunst – Hochaltar im Stephansmünster in Breisach

weilige Gegenseite tat stets ihr Bestes, die Stadt zu zerstören.

Schwere Verwüstungen erlitt Breisach im Französischen Revolutionskrieg 1793 und im Zweiten Weltkrieg, als 85 % der Stadt in Schutt und Asche gelegt wurden.

Nach 1945 musste auch das spätromanische **St. Stephansmünster** (12.–15. Jh.) wiederaufgebaut werden. Innen beeindrucken der vom Meister H. L. geschnitzte Hochaltar von 1525 und die Wandmalereien Martin Schongauers (um 1488).

Südlich vom Stadtkern führt ein Treppenaufstieg zur **Eckartsbergterrasse**, die einen hervorragenden Rundblick auf den Kaiserstuhl, den Schwarzwald und die Vogesen bietet. Im Westen liegt unterhalb des Münsterberges das vom Festungsbaumeister Vauban erbaute Rheintor von 1678. Mittlerweile ist hier das sehenswerte **Museum für Stadtgeschichte** untergebracht (Di–Fr 14 bis 17, Sa, So, Fei 11.30–17 Uhr).

Info
Breisach-Touristik
• Marktplatz 16
  79206 Breisach
Tel. 0 76 67/94 01 55
www.breisach.de

Breisacher Fahrgastschifffahrt
Rhein- und Schleusenfahrten auf Ausflugsdampfern.
• Marktplatz 16
  Tel. 0 76 67/94 20 10
  www.bfs-info.de

Hotels
Hotel am Münster €€€–€€
4-Sterne-Hotel (Best Western) auf der Sonnenseite des Münsterbergs.
• Münsterbergstr. 23
  Tel. 0 76 67/83 80
  www.hotel-am-muenster.de

Kapuzinergarten €€
Individuelles Hotel, gutes Restaurant, Terrasse mit Blick auf Kaiserstuhl.
• Kapuzinergasse 26
  Tel. 0 76 67/9 30 00
  www.kapuzinergarten.de

Landgasthof Adler €€
Radfahrerfreundlicher Familienbetrieb mit Freibad, südbadische Küche.
• Hochstetterstr. 11
  Tel. 0 76 67/9 39 30
  www.adler-breisach.de

Shopping

Für Weinprobe und Weinkauf bieten sich in Breisach mehrere Gelegenheiten, etwa bei einer der größten Erzeugerweinkellerei Europas, dem **Badischen Winzerkeller** mit Holzfasskeller.

• Zum Kaiserstuhl 16
  Tel. 0 76 67/9 00-0
  www.badischer-winzerkeller.de

Weingut Gebrüder Müller

Idyllisches Weingut im Alten Rentamt von 1841.

• Richard-Müller-Str. 5
  Teil. 0 76 67/5 11-0
  www.mueller-weine.de

Geldermann Privatsektkellerei

Unter Sektkennern hat die Kellerei einen guten Namen.

• Am Schlossberg 1
  Tel. 0 76 67/8 34-0
  www.geldermann.de

Ihringen 23 [A6]

Ihringen (5800 Einwohner; 202 m) kann sich als einer der wärmsten Flecken Deutschlands brüsten – ideal für Wein. Aber leider blieb auch hier wie vielerorts im Kaiserstuhl der Sündenfall nicht aus: Rebumlegung hieß das, was Naturschützer als »Umlegen der Natur« interpretierten. Die traditionellen Terrassen wurden in den 1980er-Jahren planiert, um sie mit Maschinen bewirtschaften zu können.

Info

Fremdenverkehrsbüro

• Bachenstr. 38 | 79241 Ihringen
  Tel. 0 76 68/93 43
  www.ihringen.de

Kaiserstühler Winzergenossenschaft Ihringen

Auskünfte zu Weingütern, Besichtigungen und Weinproben.

• Winzerstr. 6 | 79241 Ihringen
  Tel. 0 76 68/9 03 60
  www.winzergenossenschaft-ihringen.de

Hotel

Hotel Bräutigam €€

Wohnliches 3-Sterne-Hotel am Ihringer Bahnhof, ambitioniertes Restaurant.

• Bahnhofstr. 1 | Tel. 0 76 68/9 03 50
  www.braeutigam-hotel.de

Restaurant

Aussichtslokal Lenzenberg €€–€

Inmitten der Weinberge, mit Terrasse, Kleintiergehege und Garten.

• Tel. 0 76 68/2 84
  www.lenzenberg.de
  Mi, Do geschl.

Ausflug in die Botanik

Zwischen Ihringen und Wasenweiler führt ein Abstecher ins **Liliental** zu einem forstlichen Versuchsgelände mit Kostbarkeiten wie Mammut- und Tulpenbäumen.

Tuniberg 24 [A6]

Den im Süden des Kaiserstuhls gelegenen Tuniberg – ganz anders als der größere, vulkanisch entstandene Nachbar ein Kalkgestein – nehmen ebenfalls Rebpflanzungen in Beschlag. Darüber hinaus ist der 10 km kange Bergrücken auch ein klassisches Spargelanbaugebiet. Im netten Hauptort **Merdingen** (2500 Einw.; 251 m) verdienen die Barockkirche St. Remigius und ein altes Beinhaus einen näheren Blick.

Das Markgräfler-land

Bad Krozingen 25 [A6]

Einst war das schmucke Weinstädt-chen (16 000 Einwohner; 233 m) eine Steuerquelle für die Äbte von St. Blasien. Heute dominiert der Kurbetrieb mit Reha- und Kurkli-niken. Bereits seit 1911 werden die solereichsten Thermalquellen Euro-pas genutzt. Das Heilwasser kommt in der schicken Therme **Vita Clas-sica** mit Saunapark, Hamam, Ayur-vedabad und Wohlfühlhaus den Badegästen zugute (www.vita-clas sica.de, tgl. 8.30–23 Uhr).

Kulturellen Hochgenuss bereiten die Konzerte in den Rokokoräumen des kleinen **Schlosses** (www.schloss konzerte-badkrozingen.de).

Ein wahres Schmuckstück ist die kleine **Glöcklehofkapelle** an der Staufener Straße in Oberkrozingen. Ihre Fresken (10. Jh.) gehören zu den ältesten nördlich der Alpen.

Info

Tourist-Information
• Herbert-Hellmann-Allee 12
79189 Bad Krozingen
Tel. 0 76 33/40 08-164
www.bad-krozingen.info

Hotel

Atrium Hotel Baden €€€–€€
3-Sterne-Haus zum Wohlfühlen: reiches Frühstücksbüffet, Weinstube, Gratis-Fahrradverleih und Golfpauschalen.
• Blauenstr. 6 | Tel. 0 76 33/9 26 60
www.atrium-baden.com

Staufen 26 [A7]

Staufen (7800 Einw.; 280–720 m) ist als Ort eines ungewöhnlichen Ge-schehens in die Weltliteratur ein-gegangen: Brach doch angeblich im Jahre 1539 Mephistopheles dem Doctor Faustus im Gasthaus Löwen das Genick, was Johann Wolfgang von Goethe zu seinem Faust in-spirierte. Das Weinstädtchen mit Kopfsteinpflaster, Bächen und schmucken Gasthöfen nennt sich

Die Burg Staufen samt Weinbergen und dem gleichnamigen Städtchen

daher gerne Fauststadt. Inzwischen kämpft der Ort mit den Folgen von Geothermiebohrungenn, die die alte Bausubstanz schwer schädigten.

Ein seltener Anblick sind die kleinen **Weinparzellen** unterhalb der Burgruine aus der Stauferzeit, für deren Erhalt sich Weinbauern und Naturschützer eingesetzt haben: Sie sind mit vielen unterschiedlichen Rebsorten bepflanzt. Einen Einblick in das Alltagsleben früherer Zeiten bekommt man im kleinen **Keramik-museum** (Wettelbrunner Str. 3, Mi bis Sa 14–17, So 11–13, 14–17 Uhr).

Info
Tourist Information
• Hauptstr. 53 | 79219 Staufen
  Tel. 0 76 33/8 05 36
  www.muenstertal-staufen.de

Hotel
Löwen €€
In der historischen Altstadt; Fauststube.
• Rathausgasse 8
  Tel. 0 76 33/9 08 93 90
  www.goethehotel.de

Restaurants
Gasthof Kreuz-Post €€€–€€
Rustikales Ambiente im Markgräfler Stil, regionale Spezialitäten und mediterran inspirierte Feinschmeckerküche, ausgesuchte Weine.
• Hauptstr. 65 | Tel. 0 76 33/9 53 20
  www.kreuz-post-staufen.de
  Di und Mi geschl.

Café Decker €
Traumhaft gute Kuchen, selbst gemachte Pralinen und Eis.
• Hauptstr 70 | Tel. 0 76 33/53 16

Shopping
Schladerer, einer der führenden Hersteller von Schwarzwälder Obstbränden, bietet Direktverkauf.
• Alfred-Schladerer-Platz 1
  Mo–Fr 9.30–12.30, 14–18,
  Sa 10–14 Uhr

Ausflug nach St. Ulrich 27 [A6]
Über das Weinörtchen Ehrenkirchen kommt man nach St. Ulrich mit der sehenswerten **Barockkirche** von Peter Thumb. 1087 gründete der Benediktiner Ulrich von Zell das ehemalige Kloster. Der jetzige Bau stammt allerdings aus dem 18. Jh. Wer noch die 4 km zum **Geiersnest** (884 m) hochfährt, wird mit einem herrlichen Rundblick belohnt.

Münstertal 28 ✪ [A7]
Klöster nehmen oft die landschaftlich reizvollsten Plätze ein, so auch im 6 km langen Münstertal (insges. 5200 Einw., 592 m). Dort errichteten Benediktiner das **Kloster St. Trudpert**, das im Dreißigjährigen Krieg größtenteils zerstört wurde. Von 1715–1738 sorgte der Vorarlberger Peter Thumb für den

SEITENBLICK

Markgräfler-Wii-Wegli
Staufen liegt am Markgräfler-Wii-Wegli (Weinweg), der von Weil am Rhein bis Freiburg-St. Georgen durch die hügeligen Rebberge verläuft. Die Wanderstrecke lässt sich in vier Tagesetappen einteilen.
www.wii-wegli.de

Wiederaufbau der Anlage mit der schönen Barockkirche und den beeindruckenden Zwiebeltürmen. Die Kirche mit ihren Deckengemälden steht Besuchern offen, ebenso die Veranstaltungen im Kloster (auch Gästehaus), die übrige Anlage ist für die Ordensschwestern vom hl. Josef reserviert. **50 Dinge** ㉞ › S. 16.

Im Ortsteil Untermünstertal zieht sich heute noch ein Stollen des **Besucherbergwerks Teufelsgrund** 500 m tief in den Belchen. In dem 8 °C kalten Stollen lindern Asthmatiker und Heuschnupfengeplagte ihre Beschwerden (www.besuchs bergwerk-teufelsgrund.de, Führungen April–Okt. Di, Do und Sa 10 bis 16, So 13–16, Juli/Aug. auch Mi und Fr 13–16 Uhr).

Vom Parkplatz des Bergwerks führt ein 10-minütiger Wanderweg zum Kaltwasserhof, der als **Schwarzwaldhaus 1902** durch die ZDF-Serie bekannt wurde (www.schwarzwald haus-muenstertal.de, Sa/So 14 bis 17 Uhr).

Info

Tourist-Information
- Wasen 47 | 79244 Münstertal
  Tel. 0 76 36/7 07 30
  www.muenstertal.de

Hotels

Hotel Spielweg €€€
⚠ Romantikhotel mit luxuriösen Zimmern und holzgetäfelten Gaststuben im Schwarzwaldstil. In der Hofkäserei wird ein Bergkäse hergestellt.
- Spielweg 61 | Tel. 0 76 36/70 90
  www.spielweg.com

Zähringer Hof €€
1070 m hoch über dem Tal an der Straße zum Schauinsland gelegen; gemütliche Zimmer im ländlichen Stil. Gute Hausmannskost mit frischen Produkten.
- Stohren 10 | Tel. 0 76 02/2 56
  www.zaehringerhof.de
  Mo, Di geschl.

Restaurant

Café-Gasthof Zum Kreuz €€–€
Ideal, um Schwarzwälder Kirschtorte und Sauerrahm-Kirschkuchen zu vernaschen. Schöne Sonnenterrasse im Sommer.
- Am Aufgang zum Kloster St. Trudpert
  Tel. 0 76/36/8 18
  www.cafezumkreuz.de
  So Abend und Mo geschl.

Shopping

Belchen-Center Münstertal
Outletcenter von Marken-Herstellern: Jeans, Schuhe, Sportmode, Süßwaren und vieles mehr.
- Dietzelbachstr. 1
  www.belchencenter.de
  Mo–Fr. 10–18, Sa 10–16 Uhr

Ausflug nach Münsterhalden ㉙ [A7]

Auf dem Weg durchs Münstertal nach Münsterhalden steigen beiderseits der Straße sattgrüne Bergmatten an. Alte Schwarzwaldhöfe liegen verstreut auf geschwungenen Höhenzügen. Der Besitzer der **Schnitzerstube** in Münsterhalden zeigt gerne seine Kunstwerke. Ein kurzer Abstecher zur **Almgaststätte Kälbelescheuer** (€, Tel. 0 76 36/78 88 87, Mo geschl.) gibt einen weiten Blick ins Rheintal frei.

Auf den Belchen geht es nur mit der Seilbahn oder zu Fuß

Der Belchen 30 ⭐ [A7]

Vor allem bei Inversionswetterlage bietet der kahle Belchengipfel in 1414 m Höhe einen Rundblick bis in die Berner Alpen und zum Mont Blanc. Leider hat das Naturschutzgebiet mit einzigartiger subalpiner Flora und seltenen Tierarten, u. a. nicht wenige der über 800 Gemsen im Schwarzwald, unter dem Besucherandrang sehr gelitten. Konsequenterweise wurde der Belchen ab der Talstation für den Verkehr gesperrt und ist nun nur noch mit der Seilbahn (www.belchen-seilbahn.de, tgl. 9.15–17 Uhr) oder zu Fuß erreichbar. Von dem SB-Gasthof Belchenhaus an der Bergstation führt ein 20-minütiger Rundweg zum Gipfelkreuz.

Badenweiler 31

Der ruhige Kurort (3900 Einwohner; 450 m) ist als Ausgangspunkt für Wanderungen interessant. Wege führen etwa auf den 1167 m hohen **Blauen** oder zum **Nonnenmattwei-**her, einem Karsee mit schwimmender Moorinsel.

Dank des milden Klimas schmückt üppige südländische Vegetation die schöne **Kurparkanlage** unterhalb der 1678 zerstörten Burg Baden. Aufbauend und belebend wirkt das Thermalwasser der **Cassiopeia-Therme**. Die großzügige attraktive Badelandschaft bietet alle denkbaren Badevergnügen (www.cassiopeiatherme.de, tgl. 9–22 Uhr).

Dass bereits die Römer die Kräfte des Heilwassers zu nutzen wussten, zeigen direkt neben der Therme die bestens erhaltenen **Badruinen** aus dem 1. Jh. (April–Okt. 10–19, sonst 10–17 Uhr). Als Glücksfall betrachten Archäologen den Fund eines **römischen Tempels** vis-á-vis der Badruine.

Info
Tourist-Information
• Ernst Eisenlohr-Str. 4 | 79410 Badenweiler | Tel. 0 76 32/79 93 00 www.badenweiler.de

Hotels

Hotel Römerbad €€€
Exklusives Grandhotel mit Blick auf den Kurpark, Hallenbad und Pool sind mit Thermalwasser gefüllt.
• Schlossplatz 1 | Tel. 0 76 32/7 00
 www.hotel-roemerbad.de

Gästehaus Rosenhof €€
Ruhiges 3-Sterne-Haus in Waldrand-lage mit einer Ferienwohnung.
• Wilhelmstr. 4 | Tel. 0 76 32/3 56
 www.rosenhof-badenweiler.de

Restaurants

Kaffeehaus Siegle €
Stilvolles Café in einer Jugendstilvilla, mit mediterraner Freiterrasse.
• Römerstr. 4 | Tel. 0 76 32/8 22 40

Markgräfler Winzerstuben €
Romantisch-gemütliches Weinlokal mit guter Vesper- und Käsekarte und ausgesuchten lokalen Weinen.
• Luisenstr. 6 | Tel. 0 76 32/2 54
 Dez.–Feb. Winterpause.

Müllheim 32

Die lebhafte Kleinstadt (18 000 Einw., 267 m) liegt im Herzen des Markgräflerlandes. Schöne Ecken finden sich um Marktstraße und Gerbergasse. Sehenswert sind die **Martinskirche** (14. Jh.) und das **Markgräfler Museum** das Kunst, Kultur und Geschichte des Markgräflerlandes präsentiert (am Marktplatz, Di–So 14–18 Uhr).

Info

Tourist-Information
• Wilhelmstr. 14 | 79379 Müllheim
 Tel. 0 76 31/80 15 00
 www.muellheim.de

Hotel

Alte Post €€
Baubiologisch orientiertes Landhotel, Restaurant mit regionalen Bioprodukten, erstklassiger Weinkeller.
• Posthalterweg (an der B 3)
 Tel. 0 76 31/1 78 70
 www.alte-post.net

SEITENBLICK

Badische Weine

Dass Baden ein besonders gutes Klima für den Weinbau besitzt, wussten schon die Römer, die hier als Erste die edlen Tropfen kelterten. Gleich mehrere Anbaugebiete wetteifern darum, die besten Weine zu produzieren: der Breisgau nördlich von Freiburg, der Kaiserstuhl samt Tuniberg, das Markgräflerland und die Ortenau zwischen Baden-Baden und Offenburg. Während im Breisgau vor allem der leichte, milde Müller-Thurgau angebaut wird, gedeihen auf den Lössböden des vulkanischen Kaiserstuhls und des Tunibergs der rote Spätburgunder, Weißherbst, Silvaner, Grauburgunder und der süffige Ruländer. Das Markgräflerland kultiviert den leichten und zarten Gutedel, in der Ortenau gedeiht der elegante Riesling.

Wer auf der Badischen Weinstraße zwischen Baden-Baden und Lörrach unterwegs ist, hat beste Gelegenheit, Weingüter und Winzerbetriebe zu besichtigen, in gemütlichen Gaststuben einen Schoppen zu trinken und natürlich auch ein paar Flaschen zukaufen.

Restaurant

Klemmbachmühle €
Urgemütliches Ausflugslokal mit Garten
am Mühlbach.
- Römerstr. 7 | Niederweiler
  Tel. 0 76 31/28 00
  www.klemmbachmuehle.de

Sulzburg 33 [A7]

Der Ort (2700 Einwohner; 337 m)
ist schon deshalb einen Besuch
wert, weil Spitzenköchin Douce
Steiner vom **Hirschen** zwei Michelin-Sterne vom Kochhimmel holte.
Genießen können Besucher aber
auch die kleine, sehenswerte ottoni-
sche Klosterkirche **St. Cyriak.**

Die Geschichte des Bergbaus er-
läutert das **Landesbergbaumuseum**
in der ehem. evangelischen Stadtkirche (Di–So 14–17 Uhr), von wo
auch der interessante, **Bergbau-
geschichtliche Wanderweg** startet
(5 km). Im Osten des Städtchens
liegt der alte **Jüdische Friedhof** mit
verwitterten Grabsteinen und der
1938 zerstörten, heute als Kulturzentrum dienenden ehemaligen
Synagoge.

Info

Tourist-Information
- Hauptstr. 56 | 79295 Sulzburg
  Tel. 0 76 34/56 00 40
  www.sulzburg.de

Hotel

Waldhotel €€€–€€
Silence-Hotel ca. 3 km außerhalb, mit
Tennisplätzen, Hallenbad, Sauna und
großem Wellnessbereich.
- Badstr. 67 | Tel. 0 76 34/50 54 90
  www.waldhotel4you.de

Restaurants

Hotel Restaurant Hirschen €€€
Französisch-mediterrane Sterneküche.
Die Rezepte der Sterneköchin Douce
Steiner wurden schon in mehreren
Kochbüchern veröffentlicht.
- Hauptstr. 69 | Tel. 0 76 34/82 08
  www.douce-steiner.de
  Mo, Di geschl.

Rebstock €€–€€€
Regionale Spezialitäten gekonnt zube-
reitet. Förderer von Slow Food. Mit
Wirtsgarten.
- Hauptstr. 77 | Tel. 0 76 34/50 31 40
  www.rebstock-in-sulzburg.de
  Mi geschl.

Shopping

Sulzburgs Haupstraße säumen interessante Geschäfte, z. B. **Clothing a priori.**
Diane Dill entwirft ausgefallene und
bezahlbare Kleider und bestickte Filz-
jacken.
- Hauptstr. 38
  www.clothingapriori.de
  Mi–Fr 11–14, Sa 10–14 Uhr

Schicke Modelle findet man auch bei
der **Sulzburger Brillenfabrik.**
- Hauptstr. 47
  Mo 14–18, Mi 9– 13, 14–18 Uhr

Besten Schwarzwälder Schinken etc.
produziert die **Metzgerei Sum.**
- Hauptstr. 59

Im Ortsteil Laufen kann man bei der
Winzergenossenschaft Laufen Wein
probieren und einkaufen.
- Weinstr. 48
  Tel. 0 76 34/56 05 16
  www.winzergenossenschaft-laufen.de

In Laufen bietet die **Staudengärtnerei Gräfin von Zeppelin** hochwertige Gartenpflanzen und Terrakottaware. Café mit hausgemachten Kuchen.

• Weinstr. 2
Tel. 0 76 34/55 03 90
www.graefin-von-zeppelin.de

Ausflüge von Sulzburg
Nach St. Ilgen 34

Westlich von Sulzburg lohnt das idyllisch gelegene St. Ilgen den Besuch. Die dortige Kirche **St. Ägidius** aus dem 14. Jh. besitzt eine ungewöhnliche schräge Fassade mit einem Treppengiebel.

Nach Heitersheim 35

Der freundliche Weinort punktet mit seinem großen **Malteserschloss** aus dem 16. Jh. und der Kirche **St. Bartholomäus** von 1827. Ein kleines Museum auf dem Schlossgelände informiert über die Geschichte des Johanniter- und Malteserordens (April–Okt. Mi 13–18, So 11 bis 18 Uhr). An römisches Erbe erinnern die Reste der **Villa urbana** (April–Okt.). Heitersheim ist zudem für seine Straußenwirtschaften bekannt.

Kandern 36

Prominentester Gast der Keramikstadt (8000 Einwohner; 352 m) war der expressionistische Maler August Macke (1887–1914), der während seiner Besuche bei seiner Schwester fleißig malte und mit seinen Ortsansichten Kandern weltbekannt machte.

Ein **Heimat- und Keramikmuseum** dokumentiert die lange Töpfertradition des Ortes (Ziegelstr. 30, April bis Okt. Mi 15–17.30, So 10–12.30 und 14–16 Uhr). Eisenbahn-Liebhaber können eine Fahrt mit der historischen **Kandertalbahn** nach Haltingen unternehmen.

Info
Tourist-Info
• Hauptstr. 18 | 79400 Kandern
Tel. 0 76 26/97 23 56
www.kandern.de

Hotel
Zur Weserei €€
25 große Zimmer sowie badische Küche, Tageskarte u. a. mit Fisch- und vegetarischem Menü.
• Hauptstr. 81 | Tel. 0 76 26/4 45
www.weserei.de

Straußen- und Besenwirtschaften
In allen badischen Weinregionen findet man diese Winzerlokale. Den Weg weist ein Strauß bzw. Besen mit bunten Fetzen an Tür oder Hofeinfahrt. Bis zu vier Monate im Jahr dürfen die Winzer ihre kleinen Wirtschaften geöffnet halten, meist wählen sie die Zeit um Ostern und im Herbst. Zum Viertele aus den eigenen Weinlagen werden einfache Gerichte aufgetischt, etwa Flamm- oder Zwiebelkuchen. Wer authentische Regionalküche in lockerer Atmosphäre sucht, ist hier richtig. Adressen der schönsten Straußenwirtschaften gibt es z. B. unter www.schwarzwald-tourismus.info oder www.besenfuehrer.de.

Restaurant

Zum Hirschen €

Deftige Landküche, z. B. Bauernwürste.

- Brunnenstr. 2 | Ortsteil Holzen
  Tel. 0 76 26/70 59
  www.hirschen-holzen.de
  Mi, Do geschl.

Vogelpark Steinen 37 [A8]

Ein Erlebnis ist der Vogelpark Steinen im Wiesental mit mehr als 300 Vogelarten aus aller Welt. Eindrucksvoll sind die Greifvogel-Flugshow, die Berberaffenfütterung, das Tropenhaus und das Känguru-Freigehege (Steinen-Hofen, www.vogelpark-steinen.de, Mitte März bis Anf. Nov. tgl. 10–17 Uhr).

Bad Bellingen 38

Der Kurort (3800 Einw.; 257 m) am Oberrhein wartet mit besonders mineralhaltigen Thermalquellen auf. Testen kann man das Heilwasser in den **Balinea Thermen** (tgl. 9 bis 22 Uhr). Mit der Historie der Bäderkultur macht das **Oberrheinische Bädermuseum** im Ortsteil Bamlach bekannt (Mi und So 14–17 Uhr).

Info

Bade- und Kurverwaltung

- Badstr. 14
  79415 Bad Bellingen
  Tel. 0 76 35/80 80
  www.bad-bellingen.de

Hotel

Hotel-Park Eden €€

Radlerfreundliches Haus mit Radgarage und Ersatzteillager.

- Im Mittelgrund 2 | Tel. 0 76 35/8 10 70
  www.hotel-park-eden.de

Ausflug nach Schliengen 39

In dem namhaften Weinort lohnt ein Halt am **Wasserschloss Entenstein,** das heute als Rathaus genutzt wird, und im Ortsteil Mauchen verführt die »Krone« mit bodenständiger Küche zur Einkehr (€, Tel. 0 76 35/4 77) oder das Weingut Lämmlin-Schindler zum Kauf eines ökologisch erzeugten Weins (www.laemmlin-schindler.de, Müllheimer Str. 4).

Der Hochrhein

Weil am Rhein 40

Nur einen Katzensprung von Frankreich und der Schweiz entfernt liegt Weil am Rhein (30 000 Einwohner; 281 m). Überall im Stadtgebiet erinnern vergrößerte Nachbildungen bedeutender Stuhlentwürfe an das Selbstverständnis als »Stadt der Stühle«.

Unbedingt sehenswert ist das vom kalifornischen Stararchitekten Frank O. Gehry entworfene **Vitra Design Museum** ☆. Es zeigt die Entwicklung industriellen Möbeldesigns bis heute. Der angeschlossene Architekturpark umfasst Bauten von Tadao Ando, Zaha Hadid und Alvaro Siza und das Vitra Haus von Herzog & de Meuron (Charles-Eames-Str. 1, www.design-museum.de, tgl. 10–18 Uhr, Architekturführungen tgl. 11 und 13 Uhr).

Über ein weiteres architektonisches Glanzlicht, die **Dreiländerbrücke** von 2007, kann man vom Stadtteil Friedlingen nach Huningue im Elsass spazieren.

Showroom im neuen Vitra Haus

Badespaß für Groß und Klein bietet das **Laguna-Badeland** mit Rutsche, Wildwasserfluss, Saunapark und Wellnessbereich (www.laguna-badeland.de, tgl. 9–21 Uhr).

Info
Tourist-Info
• Hauptstr. 290/1 | 79576 Weil am Rhein
Tel. 0 76 21/4 22 04 40
www.w-wt.de

Ausflug den Rhein abwärts

Das einstige Fischerdorf Istein 41, das vor einer Rheinregulierung Anfang des 19. Jhs. noch direkt am Ufer lag, trägt seinen Beinamen »Kleines Italien« zu Recht. Ein Streifzug führt durch verwinkelte Gassen mit dem alten Fachwerkhaus **Arche** (1533) unterhalb der Kirche. Am Ortsende klammert sich die **St.-Veits-Kapelle** an den schroffen Isteiner Klotz, einen 150 Mio. Jahre alten Korallenstock von 1,5 km² Ausdehnung.

In **Blansingen** 42 ist die reich bemalte Pfarrkirche sehenswert, Gourmets lockt ein Michelinstern ins Restaurant »Traube« (Alemannenstr., 79588 Efringen-Kirchen/Blansingen, Tel. 0 76 28/9 42 37 80, www.traube-blansingen.de, €€€, Mo, Di geschl.).

Lörrach 43 [A8]

Die Industriestadt (48 000 Einwohner; 294 m) überrascht mit der imposanten **Burgruine Rötteln,** deren Grüner Turm einen schönen Rundblick auf die Stadt, ins Wiesental und in die Schweiz bietet. Vor historischer Kulisse finden von Juni bis August die **Burgfestspiele** statt (www.burgfestspiele-roetteln.de).

Sehenswert ist auch das **Stettener Schlössle,** ein spätgotischer Herrensitz. Das neue Kulturzentrum **Burghof** in der Innenstadt präsentiert ein abwechslungsreiches Theater- und Konzertprogramm (Herrenstr. 5, Tel. 0 76 21/94 08 90, www.burghof.com).

Weithin bekannt ist das vier-
wöchige **Stimmen Festival** im Juli
(www.stimmen.com).

Info
Tourist-Info
- Herrenstr. 5 | 79539 Lörrach
  Tel. 0 76 21/9 40 89 65
  www.loerrach.de

Bad Säckingen 44 [B8]
Eine **gedeckte Holzbrücke** verbindet
die Stadt (17 000 Einw.; 291 m) mit
der Schweiz. Im kleinen Schlosspark steht das **Trompetenmuseum
Schloss Schönau**, in dessen Räumen
sich die Begebenheiten zu Joseph
Victor von Scheffels Versepos »Der
Trompeter von Säckingen« abge-
spielt haben sollen. Unterhalb des
Parks liegt die **Rheinpromenade** mit
Ausflugsschiffen (So und Fei, Di
und Do jeweils 14.30 Uhr) und der
mit 200 m längsten überdachten
Holzbrücke Europas. Am Münsterplatz steht dem schön bemalten
Haus Fuchshöhle das **Fridolinsmüns-
ter** gegenüber. Die Kirche wurde im
17. Jh. nach einem Brand wiederaufgebaut und innen barockisiert.

Info
Kurverwaltung
- Waldshuter Str. 20
  79713 Bad Säckingen
  Tel. 0 77 61/5 68 30
  www.bad-saeckingen.de

Hotel
Goldener Knopf €€€
Von dem über 200 Jahre alten, kom-
fortablen Hotel genießt man einen schönen Blick auf die berühmte Rheinbrücke.

- Rathausplatz 9
  Tel. 0 77 61/56 50
  www.goldenerknopf.de

Restaurant
Fuchshöhle €€€
Leichte, badisch orientierte Menüs in
gemütlichem Ambiente.
- Rheinbrückstr. 7
  Tel. 0 77 61/5 59 98 29
  www.fuchshoehle.com
  So, Mo geschl.

Ausflug durch das Wehratal 45 [B7]
Wer durch das dunkle Wehratal
fährt, wird verstehen, dass sich so
manche Sage um die Gegend rankt.
Das ehemalige Reich der Erdmänn-
lein soll die 15 km lange Tropfstein-
höhle **Erdmannshöhle** gewesen sein
(Mai–Sept. tgl. 10–17, April Sa/So
10–17, Okt. tgl. 10–15 Uhr).

Restaurant
Erdmannshöhle €€€–€€
Der Landgasthof bietet abwechslungsreiche Menüs, So Jazz-Brunch.
- 79686 Hasel | Tel. 0 77 62/5 21 80
  www.erdmannshoehle.de

Waldshut-Tiengen 46 [C8]
Das hübsche Städtchen **Waldshut**
bildet zusammen mit Tiengen eine
große Kreisstadt (22 000 Einwohner; 341 m). Wer den im 13. Jh. gegründeten Ort durch das Obere
Stadttor betritt, macht Bekannt-
schaft mit dem Bild des »Waldshuter Männli«. Es soll einst mit den
Worten »Ich streich das Geld in
meinen Hut, die Stadt soll heißen
Waldeshut« die Belohnung für die

Waldshuter Chilbibock

Stadttaufe kassiert haben. Dahinter zeigt sich eine geschlossene Häuserfront mit Giebeln und Erkern entlang der Kaiserstraße bis zum Unteren Tor. Zu den schönsten Gebäuden gehören das **Rathaus** von 1726, das **Gasthaus Zum Wilden Mann** sowie das ehemalige **Schlachthaus Alte Metzig** (1688) (Heimatmuseum, April–Dez. So 14–17 Uhr).

Vom Platz bei der Heiliggeistkapelle beim Unteren Tor reicht der Blick über den Rhein bis in die Schweiz. Mit der Fähre ist das Flussufer der Eidgenossen erreichbar, deren erfolgloser Angriff im Jahre 1468 noch heute jeden August mit der **Waldshuter Chilbi** gefeiert wird, bei der ein stattlicher Hammel, der Chilbibock verlost wird.

Zu den sehenswerten Gebäuden in **Tiengen** gehören außer den schön bemalten Bürgerhäusern an der Hauptstraße die Barockpfarrkirche **St. Maria** und das Schloss mit dem **Klettgau-Museum** zur Geschichte der Region (April–Sept. Do 16 bis 18, So 10.30–11.30 Uhr).

Info

Tourist-Information
• Wallstr. 26
79761 Waldshut-Tiengen
Tel. 0 77 51/83 32 00
www.waldshut-tiengen.de

Hotel

Bercher €€
Seit 1911 in Familienbesitz; Zimmer in gehobenem Landhausstil.
• Bahnhofstr. 1 | Tiengen
Tel. 0 77 41/4 74 70
www.bercher.de

Restaurants

Nette Lokale säumen die Kaiserstraße in Waldshut. Einen schönen Blick auf den Fluss genießt man von der **Rheinterrasse** (griechische Küche).
• Rheinstr. 33 | Tel. 0 77 51/39 05

Shopping

Ausgefallenes Kunsthandwerk aus verschiedenen Hölzern gibt es bei **Baumzeit.**
• Waldshut | Wallstr. 7
www.baumzeit-waldshut.de

147

EXTRA-TOUREN

Die schönsten Naturwunder in vier Tagen

Tour 11

> **Route:** Freiburg › Schauinsland › Todtnau › Schluchsee › Wutachschlucht › Triberger Wasserfälle › Kniebis › Mummelsee › Baden-Baden
>
> **Karte:** Klappe hinten
>
> **Distanzen:**
> Freiburg › Schauinsland 19 km; Schauinsland › Todtnau 13 km; Todtnau › Schluchsee 27 km; Schluchsee › Wutachschlucht 32 km; Wutachschlucht › Triberg 56 km; Triberg › Kniebis 55 km; Kniebis › Mummelsee 23 km; Mummelsee › Baden-Baden 28 km
>
> **Verkehrsmittel:**
> Das Auto ist für diese Tour die beste Wahl. Triberg und Baden-Baden sind auch gut mit der Bahn erreichbar. Auf den Schauinsland führt eine Seilbahn hinauf.

Tag 1: Faszinierende Gipfelerlebnisse, rauschende Wasserfälle, abenteuerliche Schluchten und stille Hochmoore – die Natur im Schwarzwald hat viele Facetten. Die Fahrt beginnt in Deutschlands südlichster Großstadt **Freiburg** › S. 101, die mit dem **Schauinsland** › S. 111 einen Aussichtsgipfel vor der Haustür hat. Man erreicht ihn wahlweise mit dem Auto oder ganz bequem mit der Schauinslandbahn. Auf dem Freiburger Hausberg gibt es außer dem Vogesenblick auch ein Museumsbergwerk zu bewundern.

Im reizvollen Wiesental wird **Todtnau** › S. 127 angefahren, das nicht nur wegen seines wildromantischen **Wasserfalls** den Besuch lohnt, sondern mit dem dem Herzogenhorn und dem Hasenhorn auch zu Gipfelzielen einlädt. Sollte noch genügend Zeit sein, lohnt ein Stopp am **Schluchsee** › S. 122, einem reizvollen Stausee mitten im Hochschwarzwald.

Am späten Nachmittag fährt man am besten zur **Wutachschlucht** › S. 99 weiter, Unterkünfte gibt es in **Bonndorf** › S. 100. Für die anspruchsvolle Querung der Schlucht tags darauf sollte man gut ausgeruht sein. Wer nicht die ganze Schlucht durchwandern will, gewinnt mit einer Schnuppertour von **Boll** aus einen Einblick in den gewaltigsten Canyon des Schwarzwalds.

Oben: Kasino von Baden-Baden
Links: Fachwerkhäuser in Schiltach

Tag 2: Mit den **Triberger Wasserfällen** › S. 90 steht am nächsten Tag ein weiteres Naturschauspiel auf dem Programm. Am Fuß der Fälle können Sie in einem der Terrassenlokale bei einem zünftigen Vesper das spätestens gegen Mittag einsetzende quirlige Treiben des Luftkurortes **Triberg** ansehen, den auch Ernest Hemingway einst besuchte.

Tag 3: Über Wolfach geht es durch das Tal der Wolf nach **Kniebis** › S. 66 an der Schwarzwaldhochstraße hinauf, an der die Kniebis-Hütte mit einem rustikalen Vesper wartet. Auf der Schwarzwaldhochstraße wird der neue Nationalpark Schwarzwald passiert und der **Mummelsee** › S. 66 erreicht. Von dem sagenumwobenen Karsee führt ein breiter Wanderweg auf die **Hornisgrinde** › S. 66, den höchsten Gipfel des Nordschwarzwaldes.

Tag 4: Die Bädermetropole **Baden-Baden** › S. 51 setzt den Schlusspunkt der Tour. Neben gepflegter Kuratmosphäre kann die Kur- und Kulturstadt auch mit lohnenden Ausflugszielen aufwarten: Die markanten Felstürme des **Battert** › S. 53 ziehen neben Wanderern auch Kletterer an, der Aussichtsturm auf dem **Merkur** › S. 54 ist bequem mit der Bergbahn erreichbar.

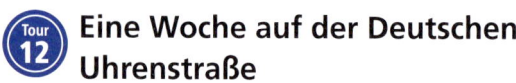

Eine Woche auf der Deutschen Uhrenstraße

Tour 12

Route: **Rottweil › Villingen-Schwenningen › Titisee-Neustadt › St. Peter › Waldkirch › Furtwangen › Triberg › Schramberg › Rottweil**

Karte: Klappe hinten

Distanzen:
Rottweil › Villingen-Schwenningen 32 km; Villingen-Schwenningen › Titisee-Neustadt 39 km; Titisee-Neustadt › St. Peter 51 km; St. Peter › Waldkirch 22 km; Waldkirch › Furtwangen 30 km; Furtwangen › Triberg 15 km; Triberg › Schramberg 24 km; Schramberg › St. Georgen 21 km; St. Georgen › Rottweil 37 km

Verkehrsmittel:
Alle Orte an der Uhrenstraße sind mit öffentlichen Verkehrsmitteln erreichbar: Lenzkirch, St. Peter, Schönwald und Schonach per Bus, alle übrigen Ziele mit der Bahn. Wer jedoch zügig vorankommen will, fährt mit dem Auto.

Tag 1: Als Startpunkt für die Fahrt auf der Ferienstraße bietet sich wegen seiner guten Erreichbarkeit an der A 81 **Rottweil** › S. 97 an, der Einstieg ist jedoch an jedem anderen Ort entlang der Rundtour möglich. Am Heilig-Kreuz-Münster lohnt ein Blick auf die steinerne Sonnenuhr. Über die Mundharmonikastadt Trossingen kommt man in die Doppelstadt **Villingen-Schwenningen** › S. 95, die bis ins 20. Jh. ein Zentrum der deutschen Uhrenindustrie war. Das Uhrenindustriemuseum in Schwenningen erzählt von der Blütezeit des Gewerbes. Stolz des Franziskanermuseums in der alten Zähringerstadt Villingen ist eine Schwarzwalduhr von anno 1706.

Tag 2, 3: Die beiden nächsten Tage sind **Titisee-Neustadt** › **S. 119** gewidmet. Im Stadtteil Neustadt zeigt die Heimatstube eine komplett eingerichtete Uhrmacherwerkstatt von anno dazumal. Nach dem Museumsbesuch sollte man sich einen Spaziergang auf der Seepromenade von **Titisee** › **S. 119** nicht entgehen lassen, Ausflüge bieten sich zudem zum **Schluchsee** › **S. 122** und auf den **Feldberg** › **S. 126** an.

Tag 4: Nach einem möglichen Abstecher nach Lenzkirch – im dortigen Kurhaus steht eine prächtige Flötenuhr – wird der Luftkurort **St. Peter** › **S. 121** erreicht. In der **Klosterkirche** gibt es eine barocke Orgeluhr zu sehen. Noch am selben Tag kann durch das Glottertal nach **Waldkirch** › **S. 94** weitergefahren werden. Das Städtchen am Fuß des Kandels ist für seine mechanischen Musikautomaten bekannt, im Elztalmuseum können neben einer großen Auswahl an Konzert- und Jahrmarktorgeln auch Spieluhren bewundert werden.

Tag 5: Am Folgetag wird mit dem **Deutschen Uhrenmuseum** in **Furtwangen** › **S. 92** der Höhepunkt der Uhrenstraße erreicht. Wanderer können einen Abstecher zur Quelle der Breg, einem Quellfluss der Donau machen. Das nur wenige Kilometer von Furtwangen entfernte **Schönwald** › **S. 92** gilt als Geburtsort der Kuckucksuhr, heute erinnert aber nichts mehr an die Sternstunde der Schwarzwälder Uhrenmanufaktur. Dafür gibt es mit dem Falken einen gemütlichen Landgasthof.

Rokoko-Bibliotheks-Saal im Kloster St. Peter

Tag 6: Den vorletzten Tag widmet die Tour dem heilklimatischen Kurort **Triberg** › **S. 90**. Er ist nicht nur wegen seiner **Wasserfälle** bekannt, das dortige Schwarzwaldmuseum besitzt auch eine sehenswerte Sammlung von Schwarzwald- und Spieluhren. In Tribergs Haus der 1000 Uhren lässt sich das eine oder andere gute Stück käuflich erwerben. Eine gute Einkaufsquelle ist zudem der Eble Uhrenpark in **Schonach** › **S. 91**. Dort steht zugleich die weltgrößte Kuckucksuhr.

Tag 7: Bevor die Ferienstraße wieder Rottweil erreicht, kommt man durch **Schramberg** › **S. 93**, wo vor gut 100 Jahren mit der Firma Junghans die weltgrößte Uhrenfabrik ihren Sitz hatte. An die einstige Bedeutung des Unternehmens erinnert eine im Stadtmuseum ausgestellte 4 m hohe Kunstuhr. Auch **St. Georgen** › **S. 93**, in dem u. a. das Deutsche Phonomuseum besichtigt werden kann, und der durch Albert Schweitzer bekannt gewordene Kurort **Königsfeld** › **S. 96** markieren lohnende Zwischenstopps vor dem Endpunkt Rottweil.

 Acht Tage Kultur im Waldgebirge

Route: Baden-Baden › Maulbronn › Calw › Freudenstadt › Vogtsbauernhof › Freiburg › St. Blasien › Bad Säckingen › Weil am Rhein

Karte: Klappe hinten

Distanzen:

Baden-Baden › Maulbronn 71 km; Maulbronn › Calw 45 km; Calw › Freudenstadt 46 km; Freudenstadt › Vogtsbauernhof 44 km; Vogtsbauernhof › Freiburg 50 km; aFreiburg › St. Blasien 77 km; St. Blasien › Bad Säckingen 48 km; Bad Säckingen › Weil am Rhein 41 km

Verkehrsmittel:

Diese Tour unternimmt man am besten mit dem Auto, zumal etliche Etappenziele keinen Bahnanschluss haben und mit dem Linienbus nur umständlich erreichbar sind. In Baden-Baden und Freiburg kann man den Wagen stehen lassen und das gut ausgebaute Stadtbus- und Straßenbahnnetz nutzen.

Tag 1, 2: Am Nordrand des Waldgebirges ist **Baden-Baden** › **S. 51** das unbestrittene kulturelle Zentrum der Region. Mit dem Besuch der Sammlung Frieder Burda oder einem der Museen, einem Spaziergang zum Alten Schloss und einem Abend im Festspielhaus oder Theater lassen sich spielend zwei Tage füllen. Entspannung versprechen zwei Thermen, das Spielkasino und die Trinkhalle.

Tag 3: Am dritten Tag steht mit dem UNESCO-Welterbe **Kloster Maulbronn** › **S. 68** ein kulturhistorisches Highlight ersten Ranges auf dem Programm.

Münstermarkt in Freiburg

Das von der Romanik und Gotik geprägte Kloster gehört zu den am besten erhaltenen Klosteranlagen nördlich der Alpen. Nicht zu verstecken braucht sich auch das **Kloster Hirsau** › S. 70 bei Calw. Ein schönes Beispiel aus der romanischen Epoche ist der Eulenturm. Im benachbarten **Calw** › S. 70 kann man auf den Spuren von Hermann Hesse wandeln und eines der schönsten Fachwerkensembles der Region kennen lernen.

Tag 4: Von **Freudenstadt** › S. 64 aus lohnen nach einem obligatorischen Bummel über den erstaunlich großen, lebendigen Marktplatz Abstecher zum Barfußpark in **Dornstetten** › S. 65, in die Feinschmeckerhochburg **Baiersbronn** › S. 62 und zum Kloster **Alpirsbach** › S. 90. Stilvolle Unterkünfte gibt es im Freudenstädter Ortsteil Lauterbad.

Tag 5, 6: Durch das reizvolle Kinzigtal erreicht man tags darauf über den heimeligen Fachwerkort **Schiltach** › S. 89 den **Vogtsbauernhof** › S. 86. Für die Besichtigung des Freilichtmuseums sollte ein halber Tag eingeplant werden. Am Nachmittag kann man in die Breisgaumetropole **Freiburg** › S. 101 weiterfahren. Dort gehört die Besichtigung des Münsters zum Pflichtprogramm. Außerdem gibt es mit dem Colombi-Schlössle und der kunsthistorischen Sammlung im einstigen Augustinerkloster zwei bedeutende Museen. Am nächsten Tag wartet der **Schauinsland** › S. 111: Auf dem Berg lohnt auch der Besuch des Museumsbergwerks oder des historischen Schniederli-Hofes.

Tag 7: Der nächste Tag macht im **Münstertal** › S. 138 mit dem **Kloster St. Trudpert** bekannt. Vor der nun ziemlich kurvigen Weiterfahrt kann man sich im Hotel-Restaurant Spielweg stärken, zu dem eine Hofkäserei gehört. Über **Bernau** › S. 128, der Heimat des Landschaftsmalers Hans Thoma, führt die Route nun quer durch den Südschwarzwald nach **St. Blasien** › S. 130 im Hotzenwald. Der Ort ist weithin durch die monumentale Domkuppel der ehemaligen Benediktinerabtei bekannt.

Tag 8: Am letzten Tag folgt die Route der B 500 nach **Bad Säckingen** › S. 146, wo das Fridolinmünster und das Trompeterschlösschen einen Halt lohnen. Den architektonischen Schlusspunkt der Kulturreise setzt dann in **Weil am Rhein** › S. 144 das **Vitra Design Museum**.

Infos von A–Z

Barrierefreies Reisen

- »Baden-Württemberg barrierefrei erleben«, prospektservice@ schwarzwald-tourismus.info
- »Wandern mit dem Rollstuhl«, www.lv-koerperbehinderte-bw.de

Informationen

- **Schwarzwald Tourismus GmbH (STG)**, Habsburgerstr. 132, 79104 Freiburg, Tel. 07 61/ 89 64 60. Anlaufstelle für Urlauber.
  Prospekt-Hotline Schwarzwald: Tel. 07 61/8 96 46 93
  Zentrale Zimmervermittlung: Tel. 07 61/88 58 11 33,
  Umfassende Information online: www.schwarzwald-tourismus.info, prospektservice@schwarzwald-tourismus.info
- **Tourimus Marketing GmbH Baden-Württemberg,** www.tourismus-bw.de. Bietet Informationen zum Schwarzwald und zu ganz Baden-Württemberg.
- **Schwarzwaldverein e.V.,** Schlossbergring 15, 79098 Freiburg, Tel. 07 61/38 05 30, www.schwarzwald verein.de. Service für Wanderer.

Kuren

- **Heilbäderverband Baden-Württemberg,** Esslinger Str. 8, 70182 Stuttgart, Tel. 07 11/ 2 18 45 76, www.heilbaeder-bw.de

Nationalpark/Naturparks

- **Nationalpark Schwarzwald** Schwarzwaldhochstr. 2 77889 Seebach (Ruhestein) Tel. 0 74 49/9 10 20 www.schwarzwald-nationalpark.de
- **Naturpark Schwarzwald Mitte/ Nord** (ab Anfang 2016)

Hauptstr. 94 (Haus des Gastes) 77830 Bühlertal, Tel. 0 72 23/9 96 70, www.naturparkschwarzwald.de
- **Naturschutzzentrum Südschwarzwald** (Haus der Natur) Dr.-Spitel-Spur 4, 79868 Feldberg www.naturparksuedschwarzwald.de

Preisermäßigung

- Die preiswerte **SchwarzwaldCard** bietet an drei Tagen Einlass zu rund 130 Attraktionen inkl. Europa-Park Rust (www.schwarzwaldcard.info).
- Die **Konus-Karte** ermöglicht Übernachtungsgästen vielerorts im Schwarzwald die kostenlose Nutzung von ÖPNV-Bussen und -Bahnen (www.schwarzwald-tourismus.info).
- Nur mit Übernachtungsnachweis gibt es für die Anreise das günstige **Schwarzwald-Ticket** (Schwarzwald Tourismus GmbH, Tel. 0 77 21/ 84 64 10, bahnticket@schwarzwald-tourismus.info; nicht über die DB).
- Mit der **Hochschwarzwald Card** erhält man kostenlosen Eintritt in über 70 Attraktionen der Region (www. hochschwarzwald.de/card).

Rettungs- und Hilfsdienste

- Polizei: 110
- Feuerwehr: 112

Urlaubskasse	
Tasse Kaffee	2,80 €
Softdrink	2,50 €
Viertele Wein	4 €
Hausmacher Vesper	8 €
Eisbecher	6 €
Taxifahrt (bis 10 km)	15 €
Mietwagen/Tag	70 €

Register

Bildnachweis

Coverfoto Blick auf Laufenburg am Rhein © LOOK-foto/Daniel Schoenen
Fotos Umschlagrückseite © iStockphoto/Hans Klamm (links); shutterstock/Gts (Mitte); Hochschwarzwald Tourismus GmbH (rechts)

Alamy/imagebroker: 126; Baden Baden Marketing: 38, 50; Catch-the-Day/Manfred Braunger: 45, 58, 84, 92, 121; Carasana Bäderbetriebe GmbH: 59; Europapark Rust: 100; fotolia/pure-life-pictures: 6/7; fotolia/travel-peter: 133; Ralf Freyer: 104; Glowimages/Daniel Schoenen: 34; Glow Images/Michael Weber: 69; Rolf Goetz: 8-1, 9-1, 9-2, 10-1, 94, 120; Hochschwarzwald Tourismus GmbH: 123; Huber Images/Reinhard Schmid: U2-3, 28, 42/43, 76, 112, 137; Huber Images/Spiegelhalter: U2-4, 8-2, 44, 57; Jahreszeitenverlag/Arthur F. Selbach: 17, 130; laif/Ralf Brunner: 14, 140; laif/Clemens Emmler: 147, 151; laif/Keystone Schweiz/Kefalas: 145; laif/Karl-Heinz Raach: 13; laif/Berthold Steinhilber: 77; Landesmedienzentrale Baden-Württemberg: 55; LOOK-foto/Brigitte Merz: 30/31; LOOK-foto/Daniel Schoenen: 47, 106, 124, 148, 153; Pixelio/Peter Donecker: 97; Schapowalow/SIME/Reinhard Schmid: U2-0; Schluchtensteig Schwarzwald/Bichler: 25, 129; Schwarzwälder Freilichtmuseum Vogtsbauernhof, Foto: Karl Schlessmann: U2-2, 26, 86; shutterstock/Jiri Flogel: 32; shutterstock/g215: 149; shutterstock/Jorg Hackemann: 101; shutterstock/katatonia82: 102; shutterstock/lucarista: 37; shutterstock/LENS-68: 20/21; shutterstock/Oscity: 111; shutterstock/Andrey Popov: 91; Thomas Stankiewicz: 63, 64, 70, 111; Hanna Wagner: 67, 75, 79, 83, 99; Wikipedia/Taxiarchos226 CC BY_SA 3.0: 135; Ernst Wrba: U2-1; Zeller Keramik: 41.

Liebe Leserin, lieber Leser,
wir freuen uns, dass Sie sich für diesen POLYGLOTT on tour entschieden haben.
Unsere Autorinnen und Autoren sind für Sie unterwegs und recherchieren sehr gründlich, damit Sie mit aktuellen und zuverlässigen Informationen auf Reisen gehen können.
Dennoch lassen sich Fehler nie ganz ausschließen. Wir bitten Sie um Verständnis, dass der Verlag dafür keine Haftung übernehmen kann.

Ihre Meinung ist uns wichtig. Bitte schreiben Sie uns:
TRAVEL HOUSE MEDIA GmbH, Redaktion POLYGLOTT, Grillparzerstraße 12, 81675 München, redaktion@polyglott.de
www.polyglott.de

1. komplett überarbeitete Auflage 2016

© 2016 TRAVEL HOUSE MEDIA GmbH München
Dieses Buch wurde auf chlorfrei gebleichtem Papier gedruckt.
ISBN 978-3-8464-2609-8

Bei Interesse an maßgeschneiderten POLYGLOTT-Produkten:
Verónica Reisenegger
veronica.reisenegger@travel-house-media.de

Bei Interesse an Anzeigen:
KV Kommunalverlag GmbH & Co KG
Tel. 089/928 09 60
info@kommunal-verlag.de

Redaktionsleitung: Grit Müller
Verlagsredaktion: Anne-Katrin Scheiter
Autoren: Simone Holzhäuser, Gudrun Raether-Klünker, Rolf Goetz
Redaktion: Dorothee Kern
Bildredaktion: Ulrich Reißer
Mini-Dolmetscher: Langenscheidt
Layoutkonzept/Titeldesign: fpm factor product münchen
Karten und Pläne: Theiß Heidolph
Satz: uteweber-grafikdesign
Herstellung: Anna Bäumner
Druck und Bindung: Printer Trento, Italien

PEFC/18-31-506

TRAVEL HOUSE MEDIA

Ein Unternehmen der
GANSKE VERLAGSGRUPPE

Mini-Dolmetscher Alemannisch

Allgemeines

Guten Morgen!	(guädä) Moorgä!
Guten Tag!	(guädä) Daag!
Guten Abend!	Noowä!
Gute Nacht!	Guäd Naachd!
Auf Wiedersehen!	Adjee!
Wann ist (sind) ... geöffnet?	Wänn machä diä ... uff?
Wann wird (werden) ... geschlossen?	Wänn machä diä ... zuä?
Wie komme ich nach (zum, zur) ... ?	Wu geed's do uff / zuäm / zuär ... ?
Wie lange wird das dauern?	Wiä lang wurd des geen?
Wann findet ... statt?	Wänn isch ... ?
Wo bekomme ich ... ?	Wu bekumm i des? / Wu gid's des?
Geben Sie mir bitte ... !	Gänn Si m'r ... biddä!
Haben Sie auch ... ?	Hänn Si au ... ?
Ich brauche ...	I bruch ...
Ich möchte ...	I mechd ... / I wodd ...
Ich würde gern ...	I dääd gärn ...
Am liebsten würde ich ...	Am liäbschdä dääd i ...
nicht	nidd
nichts	nigs
bitte!	biddä!
Danke!	Dang'schee!
Verzeihung!	Hobbla!
Das freut mich sehr!	Des fraid mi arg!
Das tut mir leid!	Des duud m'r jetzt laid!
Ich verstehe Sie nicht!	I vrschdee Si nidd!
Wie bitte?	Hä biddä? / Was mainsch?
Sprechen Sie doch bitte etwas langsamer!	Schwätzä Si nidd ä so schnäll!
Wie spricht man dieses Wort aus?	Wiä said m'r jetz des?
Wie viel Uhr ist es?	Well Zidd hämm'r?
ja	jaa
Ja nicht!	Joo nidd!
nein	naai

Shopping

Wo kann ich ... kaufen?	Wu bekummd m'r des ... am beschdä?
Ich hätte gerne diesen Artikel hier!	I hädd gärn des do / säll därd!
Zeigen Sie mir bitte etwas anderes!	Zaigä Si m'r noch ebbis anders!
Ich möchte gerne das Kleid anprobieren!	I dääd gärn des Glaid ämool browiärä!
Wie viel kostet das?	Was koschded des?
Das ist mir zu teuer!	Des isch m'r z'dijär / z'vill Gäld!
Das nehme ich!	Des nimm'i!

Essen und Trinken

Können Sie mir ein gutes Restaurant empfehlen?	Wissä Si ä guedi Wirdschafd?
Oder eine gemütliche Kneipe?	Odd'r ä gmiedligi Wiinschdubb?
Ich brauche einen Tisch für fünf Personen!	I bruch ä Disch fir fimbf Lidd!
Dürfen wir uns zu Ihnen dazusetzen?	Därfä m'r dohiin / zuä eich hoggä?
Fräulein, die Speisekarte bitte!	Bringä Si mol biddä d'Schbeisekard / d'Väschberkard!
Bringen Sie mir (uns) bitte ...	I hädd gärn ... / M'r häddä gärn ...
Guten Appetit!	Ä Guäd'r!
Prosit!	Broschd!
Die Rechnung bitte!	M'r däädä gärn zaalä!
Da müssen Sie sich aber geirrt haben!	Des kann jo nidd schdimmä!
Der Rest ist für Sie!	Des schdimmd so!
Frühstück	's Morgäässä
Geflügel	Gull'r (= Hähnchen)
kleine Zwischenmahlzeit	z'Niini
Schinkenbrot	Schungäbrood
Spiegelei	Ogsäaug
Obst	Obsd / Obschd
Erdbeeren	Ärdbärä
Johannisbeeren	Hansdriiwili
Pflaumen	Bflüümä
Dessert	Déssäär

Meine Entdeckungen

....

....

....

....

....

....

....

....

....

....

....

....

....

....

....

....

....

....

Clevere Kombination mit POLYGLOTT Stickern

Einfach Ihre eigenen Entdeckungen mit Stickern von 1–16 in der Karte markieren
und hier eintragen. Teilen Sie Ihre Entdeckungen auf facebook.com/polyglott1.

Checkliste Schwarzwald

Nur da gewesen oder schon entdeckt?

☐ **Café Goldene Krone, St. Märgen**
Engagierte Landfrauenküche, leckere Kirschtorte – eine wahre Schwarzwälder Erfolgsgeschichte. › S. 121

☐ **Kirchenkunst im Augustinermuseum**
Die mittelalterliche Tafelmalerei und die Originalskulpturen vom Freiburger Münster sind umwerfend. › S. 108

☐ **Nationalpark Schwarzwald**
Auf dem Wildnispfad am Ochsenkopf geht es durch unberührten Bannwald des neuen Nationalparks. › S. 46

☐ **Wellnessoase**
Das auf den Fundamenten einer römischen Therme erbaute Friedrichsbad in Baden-Baden überzeugt durch gepflegtes Ambiente. › S. 52

☐ **Gute Tropfen**
Die Weine vom Kaiserstuhl, der Ortenau und dem Markgräflerland sollte man einmal kosten, z. B. in der Vinothek Breisach. › S. 16

☐ **Schwarzwald von oben**
Der Baumwipfelpfad auf dem Bad Wildbader Sommerberg eröffnet ganz neue Perspektiven. › S. 60

☐ **Romantische Fachwerkhäuser**
Das schmucke Städtchen Gengenbach im Kinzigtal hat sich besonders viel von seinem mittelalterlichen Charme bewahrt. › S. 82

Mitbringsel für Daheim

Kuckucksuhr: Gibt es in allen Preiskategorien, wahlweise traditionell oder in schrillem Design › S. 16

Tannenhonig für's Müsli mit dem typisch herb-würzigen Geschmack › S. 16